用钱赚钱

——从零开始学理财

考拉看看◎著
张 奕 尤力辉◎执笔
云何视觉◎绘图

SPM 南方传媒 | 广东经济出版社
·广州·

图书在版编目（CIP）数据

用钱赚钱：从零开始学理财 / 考拉看看著；云何视觉绘图．—广州：广东经济出版社，2024.8
ISBN 978-7-5454-9289-7

Ⅰ．①用… Ⅱ．①考… ②云… Ⅲ．①私人投资—通俗读物 Ⅳ．① F830.59-49

中国国家版本馆 CIP 数据核字（2024）第 103824 号

责任编辑：刘亚平　李泽琳
责任校对：李玉娴　向秋萍
责任技编：陆俊帆
封面设计：朱晓艳
插　　画：汪智昊　刘子秋

用钱赚钱——从零开始学理财
YONGQIAN ZHUANQIAN——CONG LING KAISHI XUE LICAI

出版发行：广东经济出版社（广州市水荫路 11 号 11 ～ 12 楼）
印　　刷：广东鹏腾宇文化创新有限公司
（广东省珠海市高新区唐家湾镇科技九路88号10栋）

开　　本：880 毫米 ×1230 毫米　1/32　　印　　张：7.25
版　　次：2024 年 8 月第 1 版　　印　　次：2024 年 8 月第 1 次
书　　号：ISBN 978-7-5454-9289-7　　字　　数：175 千字
定　　价：65.00 元

发行电话：（020）87393830　　编辑邮箱：metrosta@126.com
广东经济出版社常年法律顾问：胡志海律师　法务电话：（020）37603025

人物介绍

钱多多：学历普通，工作普通，收入普通，无副业。剁手党，一到月底就“心慌慌”。

心愿：不做韭菜，科学理财，最好能“躺赚”，早日买房，早日实现财富自由。

牛先生：公司业务“牛人”，手握两项专利。副业投资，投资理财达人，江湖人称“股神”。为人热心，愿意分享理财心得。

心愿：投资理财只是差价游戏，还是要做一些对社会有意义的事情，努力工作，回报社会，回报国家。

目　录

contents

第一章

转变观念，从零开始学理财

钱找人胜过人找钱，要懂得钱为你工作，而不是你为钱工作。

——沃伦·巴菲特

为什么人人都要理财？

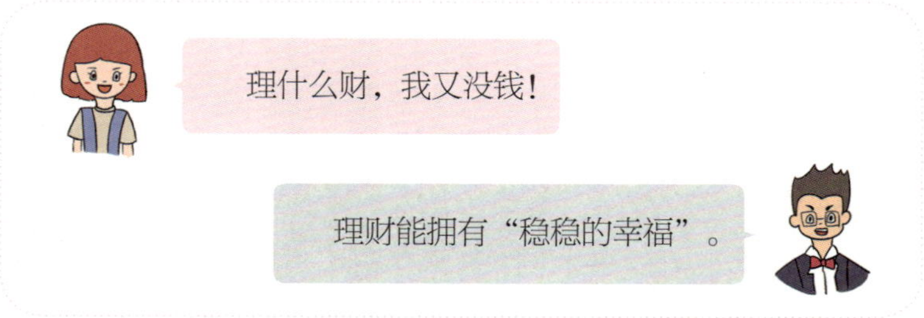

理财不只是有钱人的事，钱不多的年轻人更需要理财，理由有三个。

1. 保卫财富，防范风险

如果有一天，你遭遇意外；如果有一天，你的父母或其他家人生病住院；……

倘若没有学会理财，你的手上没钱，这时心里就会发慌。

2. 让手上的钱跑赢通货膨胀

你的收入没变，物价却越来越高，钱不值钱了。

学会理财，可以让自己赚的辛苦钱跑赢通货膨胀，生活品质不下降，甚至实现财富自由！

3. 拥有“睡后收入”，增加幸福感

巴菲特说：“如果你没有找到一个当你睡觉时还能挣钱的方法，你将一直工作到死！”投资理财是一种能让你获得“睡后收入”的常见方法。

我们的存钱罐里一般包括两笔钱：主动收入和“睡后收入”。

主动收入：工资、奖金、副业收入等

“睡后收入”：理财收入等

理财前，要搞清楚三件事：

开始理财的最后一步——真金白银“上战场”！

《巴伦周刊》的统计数据显示，学过金融和经济相关专业的人，平均投资收益只比散户高0.1%。

“纸上得来终觉浅，绝知此事要躬行。”如果你只有理财想法，只是看书，那么永远不可能学会理财。拿钱去市场中学习、实践，才能成为理财高手。

亏钱肉疼！

我有一只股票从48元跌到8元，血亏！我还不是从其他股票补回了这笔损失。学会理财，交学费在所难免。虽然我的股票、基金都亏过，但是亏不可怕，亏了不吸取教训，继续当韭菜才可怕。

5 000元能理财吗?

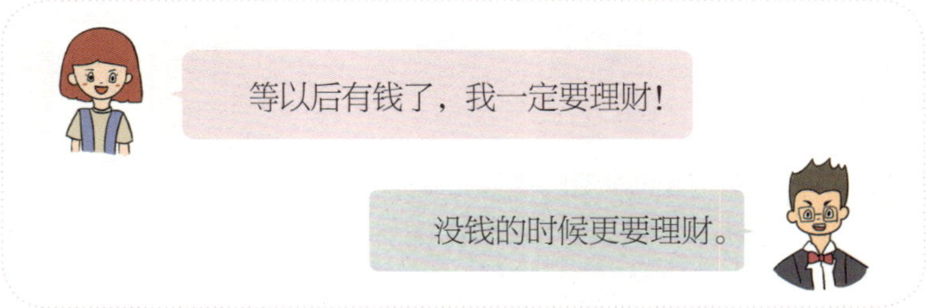

鹅蛋理财法

假如你有一只鹅，这只鹅会生蛋，你可以把鹅生的蛋分为三部分：一部分吃掉，一部分卖钱，一部分孵蛋。

这里的“蛋”就相当于本金，如果直接把蛋吃掉就没有收益，把蛋立即卖掉就能获得短期收益，用蛋孵出更多小鹅就能下更多的蛋，获得复利。

当然，如果把鹅杀了，就等于本金的来源都没有了。

理财理的不是钱，是财富，是睡觉都能赚钱的资产。

像我这样只有5 000元存款的穷人也能理财赚钱吗？

存款少的人也有适合的理财方式。

常见理财产品的投资门槛如下表所示。

常见理财产品的投资门槛

门槛	类型	产品	投资金额
低 ↓ 高	平易近人型	普通基金（股票型基金、货币基金等）	100～1 000元
	够一够能达到型	互联网金融产品	1 000元
		股票	100股起步，几千元到1万元可以入
		银行保本或固定收益类	1万～5万元
	高攀不起型	私募基金、信托	100万元起步

理财本金的多少会影响“睡后收入”。

以年收益率10%计算，本金越多，年收益就越多，如下表所示。

本金及收益情况

本金/元	1 000	10 000	100 000	1 000 000
年收益/元	100	1 000	10 000	100 000

怎么选择理财产品?

有没有低风险、高收益，还方便随时取用的理财产品?

多喝热水，少做梦。

有的人认为，不管是什么理财产品，买了都能实现“财富自由”“一夜暴富”。实际上，理财产品按照收益从低到高可分为保障型、低收益型和高收益型三种不同的类型，如下图所示。

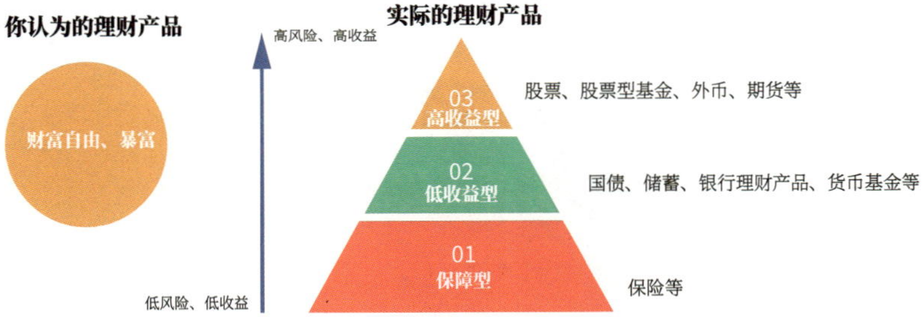

你认为的理财产品与实际的理财产品的区别

购买理财产品是财务管理的一种方式，它可以帮助你增加资产、实现财务目标和积累财富。除非起步就是大佬，否则理财产品并不能直接让你实现财富自由，它只是一种投资工具。

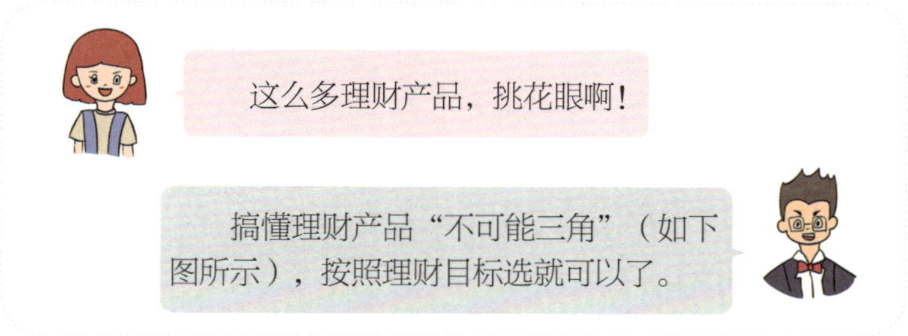

理财产品“不可能三角”

理财产品具有安全性、流动性和收益性。安全性是指理财产品部分或全部亏损本金的概率；流动性是指理财产品的变现能力；收益性是指理财产品产生的利润收益。理财产品“不可能三角”是指同时具备高安全性、高收益性、高流动性的理财产品是不存在的。

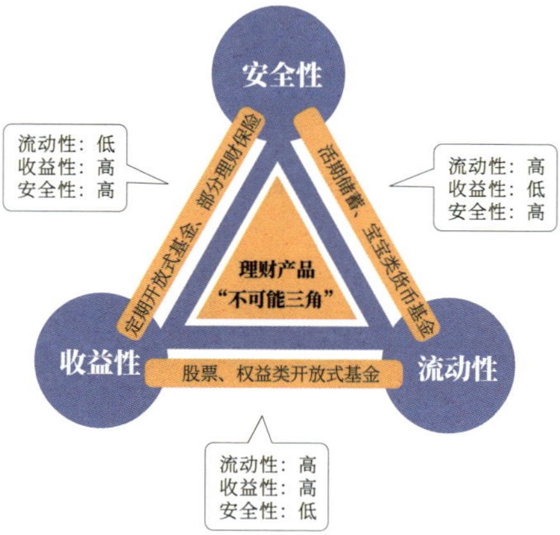

理财产品“不可能三角”

选择理财产品前，先设定好自己能承受的风险范围，评估自己想得到的预期回报，然后根据不同理财产品的特点选择适合自己的理财产品。

低风险+高流动：活期储蓄、宝宝类货币基金。

高收益+高流动：股票、权益类开放式基金。

高收益+低风险：定期开放式基金、部分理财保险。

普通人："631"法则　　**抠钱达人："4321"法则**

60%用于日常开销
30%用于投资理财
10%用于风险管理

40%用于投资高收益型理财产品
30%用于日常开销
20%用于储蓄、购买货币基金
10%用于风险管理

适合年轻人的收入分配法则

理财要找专业人士吗？

我理财这么“菜”，能找理财专业人士代劳吗？

虽然学习很难，但是你大学能毕业，看来你的成绩还不错！

投资大佬彼得·林奇有个经典的投资理论——像正常人一样投资。

反过来想，普通人是能够进行投资的。虽然银行、证券公司有很多专业理财师，但是不要忘了，他们还有另一重身份：员工。员工必然有一项让其“闻风丧胆”的考核——关键绩效指标（KPI）。

钱多多曾去银行理财专柜询问理财问题，过程大致是这样的：

有些专业理财师都不知道你的家庭情况和财务目标、风险承受能力，只是一味地推销理财产品，而不是“对症下药”，帮你理财。当然，那些更专业的理财师也许能做到这一点，但他们的门槛是比较高的。

如何判断理财师是不是靠谱、专业？可以从他持有的证照、他的获奖情况和职业履历等方面来简单判断，看看他是否有获得特许金融分析师（CFA）、金融理财师（AFP）、国际金融理财师

（CFP）、注册会计师（CPA）、国际理财规划师（RFC）、注册财务策划师（RFP）等证照；在理财领域是否有获奖；是否服务过重要客户，服务内容是什么；等等。

尽管你能得到专业理财人士的建议，但还是需要懂点基础理财知识，以免被“割韭菜”。如果你是理财小白，不妨先读读下面这几本书。

理财小白阅读书单

《富爸爸，穷爸爸》（罗伯特·清崎著）

《聪明的投资者》（本杰明·格雷厄姆著）

《穷查理宝典：查理·芒格智慧箴言录》（彼德·考夫曼著）

《财务自由之路》（博多·舍费尔著）

财富自由需要多少钱？

我这辈子大概是实现不了财富自由了，那得要多少钱啊！

实现财富自由不仅在于钱的多少，你自己的目标也很重要。

如果把财富自由这个抽象的概念具体化，不同的人有不同的答案，因为大家对未来生活设定的目标不一样。

假如我们把对未来生活的目标设定得没那么高，“财富自由”就约等于“财务自由”。财务自由，其实是指不用工作也有“睡后收入”（被动收入），而且这些收入大于日常的支出。实现财富自由的第一步就是开源节流、积累本金。

财务自由的计算公式：

被动收入＞日常支出

被动收入=本金×收益率

本金=主动收入−日常支出

数学不好能理好财吗？

表妹说要理财，但她是中文系学生，理财肯定会亏。

向中文系学生道歉！

有不少像钱多多这样的理财小白迟迟不敢理财，一是因为本金不多，二是因为对理财感到恐惧，觉得它需要丰富的金融知识、数学知识。其实，只要搞懂利率、基准利率、年化收益率这几个概念，就可以进行理财啦。

1. 利率

利率，又叫利息率，是指单位货币在单位时间内的利息水平。

利率=利息÷（本金×时间）×100%

利率又分为年利率、月利率和日利率。一般情况下，银行存款会用年利率，网贷喜欢用日利率。

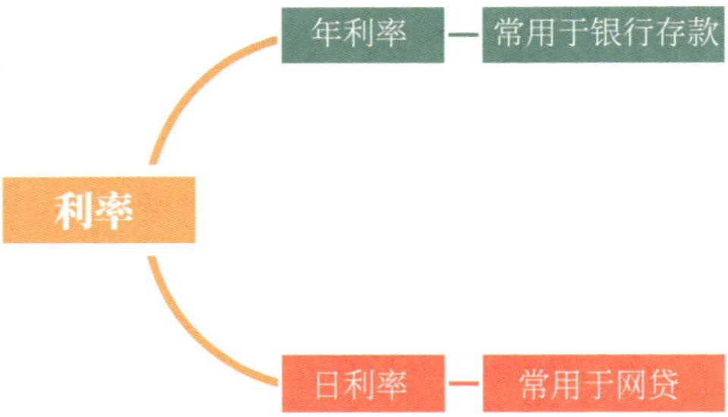

算一算

日利率1%换算成年利率是多少？

2. 基准利率

基准利率是金融市场上具有普遍参照作用的利率，其他利率水平或金融资产价格均可根据基准利率水平来确定。我国的存贷款基准利率由中国人民银行制定。

基准利率升高叫加息，基准利率降低叫降息。

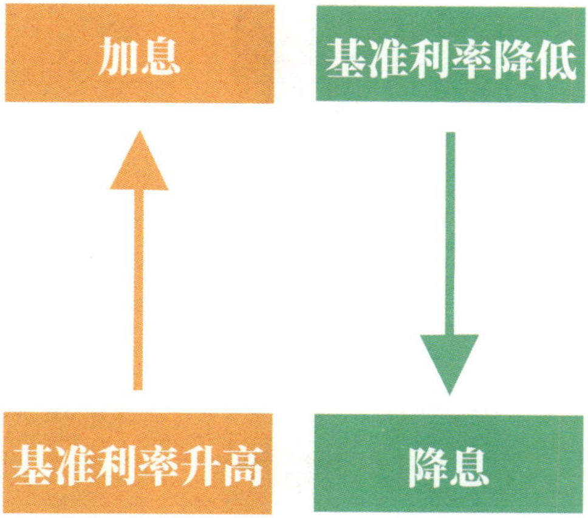

3. 年化收益率

年化收益率是指投资每年所获得的收益与投资金额的比例。

年化收益率=一年内的投资收益÷本金×100%

七日年化收益率是很多宝宝类货币基金采用的计息方式，是指货币基金过去七天每万份基金份额净收益折合成的年收益率。

算一算

计算题一

一款35天理财产品的年化收益率为2.93%。钱多多买了1万元，到期后可以拿到多少钱？

计算题二

假如你想买一款售价22万元的车，选择分期付款，首付比例为20%，贷款3年，年利率为5%。最终，你为这辆车实际花费了多少钱？

如何在熊市中赚钱？

牛市赚大钱，熊市时是不是会亏很多钱呢？

想做成功的理财人，不管遇到什么样的市场，最重要的是保护好自己的钱。

作为自己财产的“监护人”，保持理性很重要。2016年，经历过“熔断”股灾的幸存者应该清楚记得心理恐慌造成的相互踩踏所酿成的惨剧。那次股灾带给我最大的教训就是投资理财要保持理性，不要盲目相信大V和专家，要对市场保持敏感度，要有自己的思考。

怎么保持敏感度，保持自己的思考啊？

哪个理财人没有亏过钱？有的人亏了钱后一蹶不振，直接离场。对这些人来说，理财就变成亏钱的“洪水猛兽”。有的人则在失败中汲取教训，变负为正。比如，我在一只股票上亏的钱，后来在其他股票上赚回来了，甚至赚得更多。

对经济保持敏感度，除了带着真金白银“上战场”外，书籍和大V、专家的经验也能帮助我们透过现象看到本质。希望有一天，我们也能修炼得像“股神”巴菲特那样“别人贪婪时我恐惧，别人恐惧时我贪婪”。

《逃不开的经济周期》一书将经济周期分为繁荣、衰退、萧

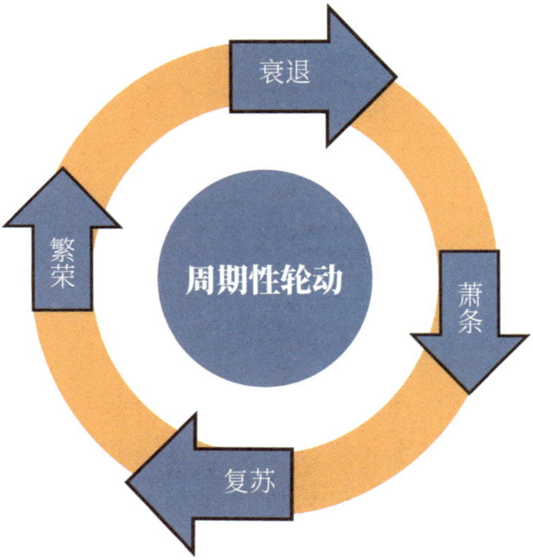

经济周期的四个阶段

条、复苏四个阶段，这四个阶段会周期性出现。也就是说，我们都要长久地与经济周期相伴而行。刚开始理财的时候，你可能觉得自己为什么那么倒霉，一理财就遇到经济环境不好。但对理财老手来说，这不过是理财路上必然遇到的波动，繁荣不会永生、永续，衰退也不只是繁荣的对立面，两者相伴而生。

当你保持冷静，用理性的眼光看待经济周期时，就能抓住重要的经济机会。经济繁荣时，有未雨绸缪的智慧；经济衰退时，有耐心坚守的勇气；寒冬到来时，就静待花开。

男性、女性的理财方式有差异吗?

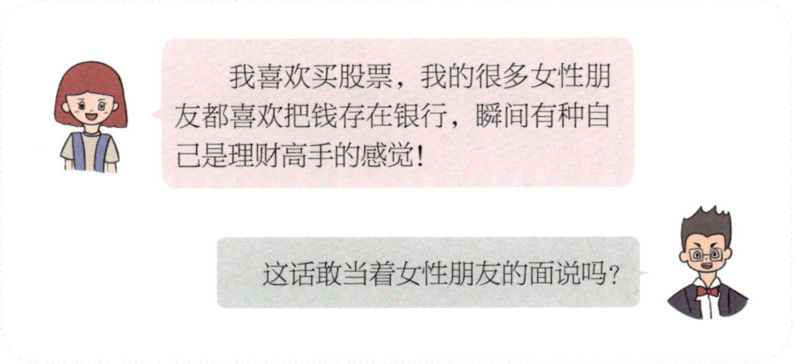

目前，还没有研究成果说明男性、女性的大脑究竟有多大差异，美国作家洛伊丝·P.弗兰克尔研究了男性和女性的理财观差异问题，发现男性和女性在以下方面存在差异：

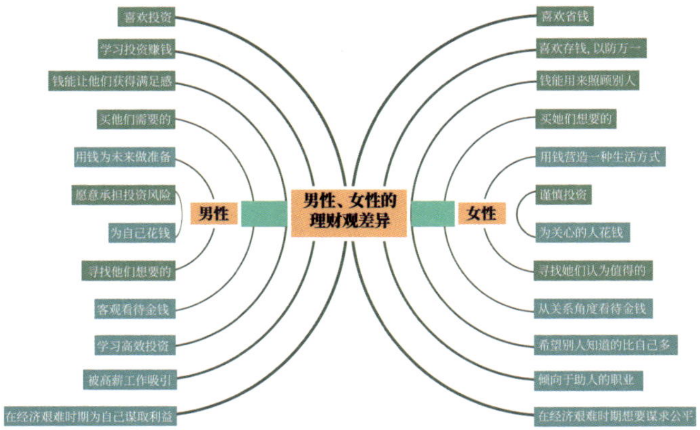

男性、女性的理财观差异

其实，在金融领域有不少做得很棒的女性，我买的一只基金就是女性操盘的。很多女性觉得自己不擅长理财，是因为她们没有主动学习理财知识，而不是天生不会理财。

巴菲特说过：“女性天生是很好的投资者。” 相对于男性，女性在理财上有很多优势，比如，更客观，不会冒进；注重风险控制；更有耐心，愿意花更多的时间研究市场。

家庭中，夫妻如何理财也是个大问题。

投资什么稳赚不赔？

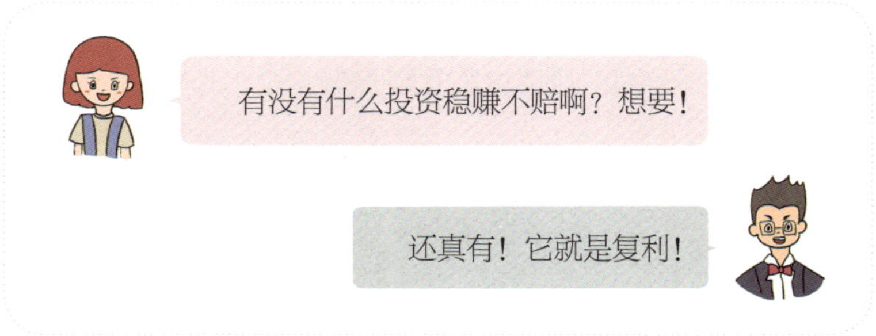

拥有复利思维，你也可以成为下一个巴菲特！

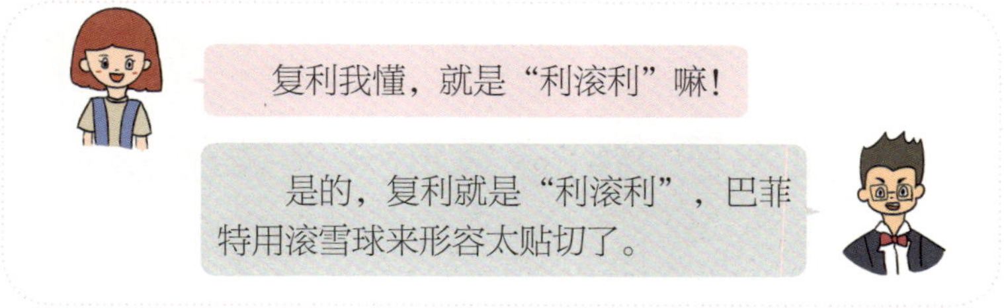

复利的计算公式：本金×（1+年利率）^{n}（n为一个计息周期）

《纳瓦尔宝典》这本书里有句话说得非常好：“生活中所有的回报，无论是财富、人际关系，还是知识，都来自复利。”我们以本金10万元、年利率10%为例，算一下单利和复利分别是多少。

利率类型	1年后	5年后	10年后	20年后	30年后
单利					
复利					

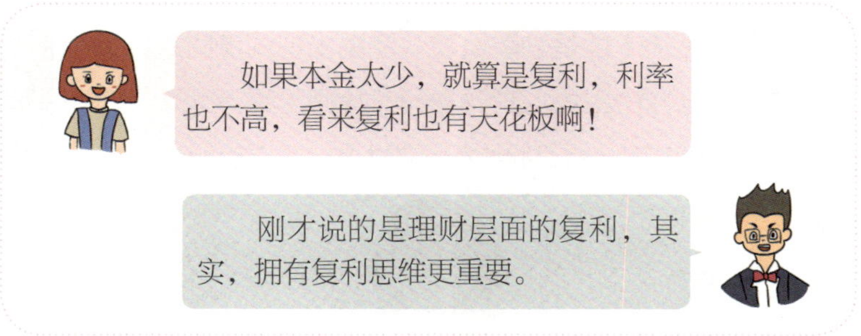

什么叫不把鸡蛋放在同一个篮子里？

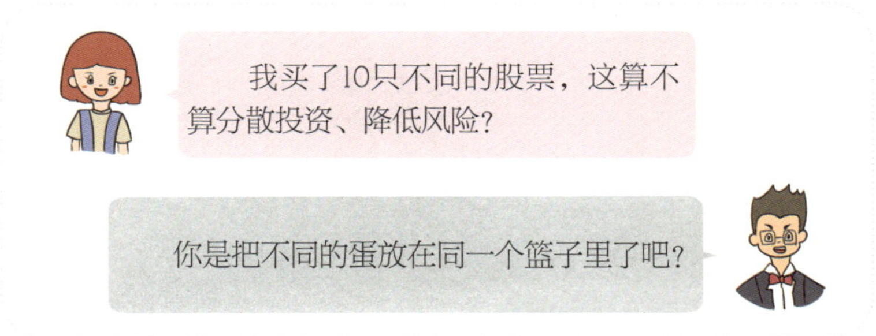

分散投资的本质是分散风险，避免出现同涨同跌的情况。把钱分散在不同的股票里，在行情好的时候可能是轮涨，或者有涨有跌；一旦遇到熊市，所有股票都可能大跌，亏损是必然的。

不同的篮子是哪些？

2021年底，胡润研究院发布的《2021中国高净值人群财富风险管理白皮书》中的数据显示，高净值人群的投资金额有34%用于流动型金融工具配置、27%用于投资型金融产品配置、26%用于安全型金融产品配置、20%用于保障型金融工具配置、16%用于特殊型金融工具配置。

高净值人群投资金额分布

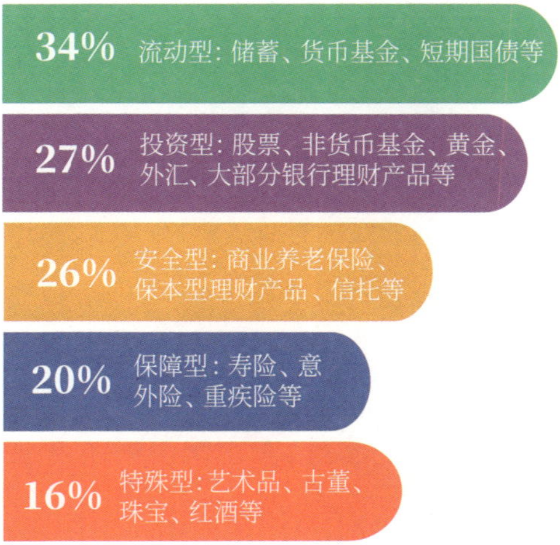

这些“有钱人”的资产配置给我们提供了不少参考，比如，资产配置的类型、比例。不同人的投资目标和抗风险能力不一样，资产配置自然也会不一样。

追求高收益的人，可以在股票上多投点；追求低风险的人，可以在储蓄或货币基金上多投点。

分散投资的目的不是利益最大化，而是让风险可控。

80定律

所谓80定律，就是指投资时，买高风险理财产品（比如股票）的资金比例不能超过80减去你的年龄再除以100的百分数。打个比方，一个30岁的人拥有60万元的资产，那么他投资高风险资产的比例是（80−30）÷100×100%=50%，即30万元。

公式：资金比例≤（80−年龄）÷100×100%。

小测试：你的财商合格吗？

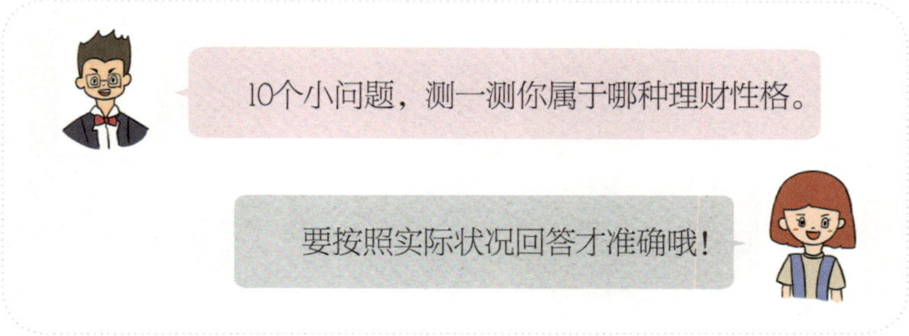

A.5分　B.4分　C.3分　D.2分　E.1分

1. 你的婚姻和就业状况是（　　）。

A.未婚，已有工作

B.已婚，和配偶均有工作

C.已婚，你或配偶其中一人有工作

D.已婚，你与配偶均无工作

E.尚未成年或已退休

2. 你的年龄是（　　）。

A.60岁及以上

B.51～59岁

C.35～50岁

D.23～34岁

E.23岁以下

3. 你曾因投资遭受（　　）损失而开始感到非常不安。

A.40%以上

B.40%以内

C.30%以内

D.20%以内

E.10%以内

4. 你平均每月支出约占固定收入的（　　）。

A. 30%及以下

B.31%～50%

C.51%～70%

D.71%～100%

E.100%以上

5. 你曾投资过（　　）理财产品。（多选，得分相加）

A.外币

B.基金

C.股票

D.债券

E.其他（保险、储蓄、收藏等）

6. 你预期每年的投资回报率是（　　）。

A.5%及以下

B.6%～10%

C.11%～15%

D.16%～20%

E.20%以上

7. 你目前的财产总额（包括资金和物产）是（　　）。

A.5万元以内

B.20万元以内

C.40万元以内

D.80万元以内

E.80万元以上

8. 你希望达到投资目标的时间是（　　）。

A.6个月至1年

B.1～3年

C.3～5年

D.5～8年

E.8年以上

9. 你对理财产品的了解程度是（　　）。

A.能成功运用

B.比较熟悉

C.知道一些

D.不太了解

E.完全不了解

10. 你需要供养的人口数是（　　）。

A.4人及以上

B.3人

C.2人

D.1人

E.0人

答案解析

☆15分及以下：保守派

保护本金不受损失和保持资产流动性是你的首要目标。你希望投资收益极度稳定，不愿承担高风险，通常不太在意资金是否有较大增值，不愿意承受投资波动的煎熬。

投资组合配置参考：股票20%，债券35%，储蓄35%，保险10%。

☆16～20分：观望派

稳定仍是你的一个重要的考虑因素，你希望在保证本金安全的基础上能有一些增值收入，但常常因回避风险而最终没有采取任何投资行动。不是特别害怕冒险，但承受风险的能力有限。

投资组合配置参考：股票30%，债券30%，储蓄30%，保险10%。

☆21～40分：稳健型

你渴望有较高的投资收益，又不愿意承受较大的风险；可以承受一定的投资波动，但希望自己的投资风险小于市场的整体风险，追求投资收益长期稳步的增长。有较高的投资目标，对风险有清醒的认识，不会采取激进的方法达到目标，而是选择缓慢而坚定地进步。

投资组合配置参考：股票50%，债券20%，储蓄20%，保险10%。

☆41～45分：成长型

你注重投资的长期增值，为了提高投资收益，会采取一些行动，并愿意为此承担较大的风险。你通常很有信心，具有高超的投资技巧，但缺乏风险控制意识。

投资组合配置参考：股票50%，债券20%，储蓄20%，保险10%。

☆46分及以上：进取型

你高度追求资金增值，愿意接受可能出现的大幅波动以换取资金高成长的可能性。你为了最大限度地获得资金增值，常常将大部分资金投入风险较高的理财产品中。你非常自信，追求成功，常常不留后路以激励自己前进，甘冒失败的风险。

投资组合配置参考：股票75%，债券10%，储蓄10%，保险5%。

本章小结

看完这章，请你在纸上写下这些问题的答案：

（1）你开始记账了吗？

（2）你的理财目标是什么？

（3）你清楚自己目前的财务状况吗？

（4）你能用于理财的本金是多少？

第二章

通往财富自由的三个理财观和两个理财意识

一生能够积累多少财富，不取决于你能够赚多少钱，而取决于你如何投资理财。

——沃伦·巴菲特

认清“贫穷”的真相

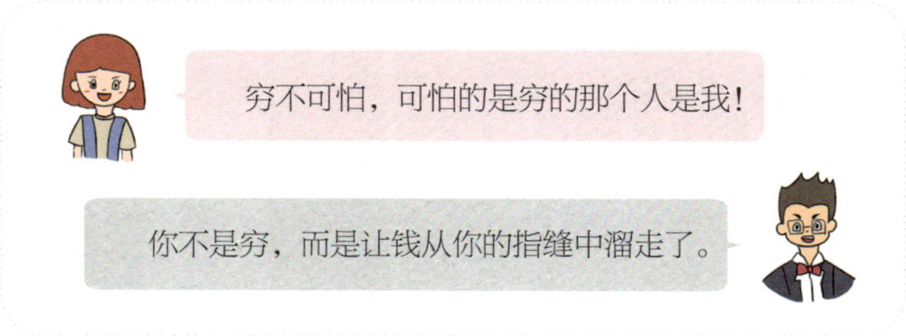

透过现象看本质，很多人所谓的“穷”是因为支出太多，陷入消费主义的陷阱，疲于奔命。

不理财

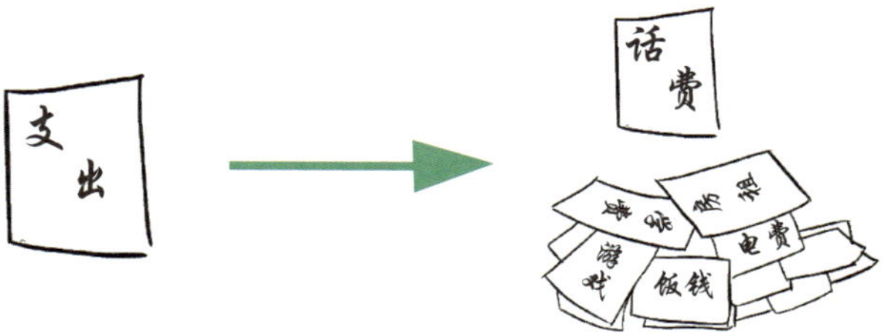

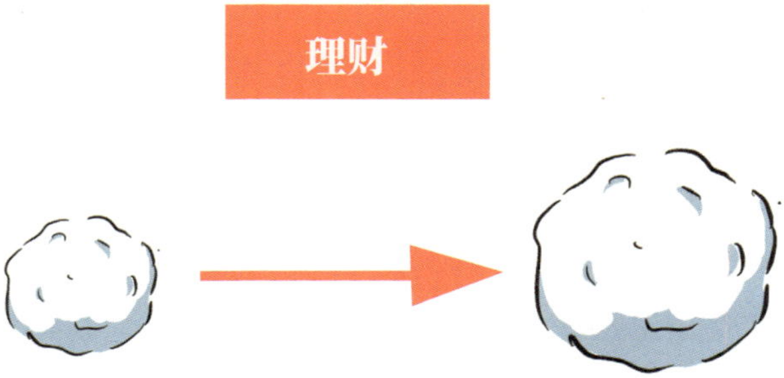

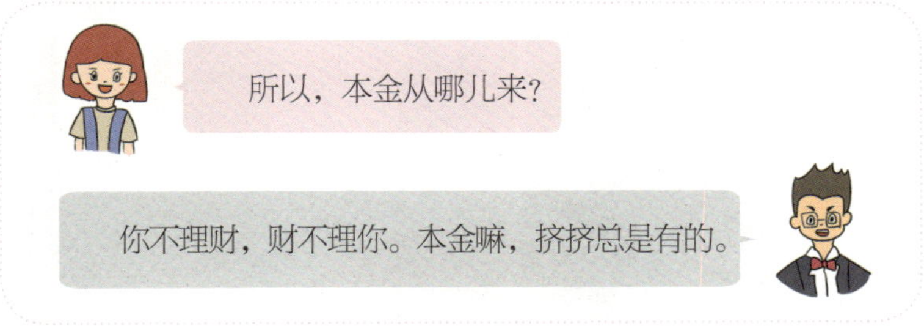

首先，要搞清楚本金的来源是你的收入减去你的支出，然后给自己制订一份计划。

第一步：定目标

先给自己制定一个小目标。可以使用SMART原则来树立小目标。

SMART原则是一种目标管理方法，它包含五个要素：具体性（Specific）、可衡量性（Measurable）、可实现性（Achievable）、相关性（Relevant）和时限性（Time-bound）。

SMART原则可以帮助个人和团队设立明确的、可测量的、可实现的、相关的和有时间限制的目标，从而提高工作效率和管理效率。

例如，你可以运用SMART原则树立这样一个小目标：用5年时间存够首付，买一套二居室、80平方米的房子。有了这个小目标，然后计算出具体金额，再制订年计划、月计划，强制储蓄，积累本金，为实现小目标而奋斗。

第二步：定预算

有了明确的小目标，有了“本金积累”计划，下一步就需要制定预算、为日常支出做规划了。

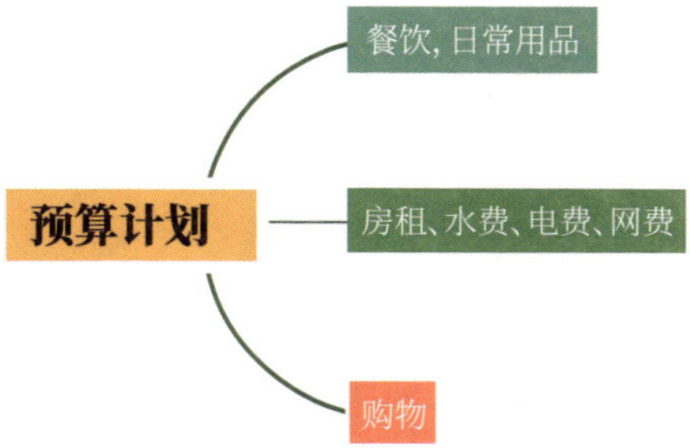

制定预算以年为单位，然后分摊到每个月。当某月消费有盈余时，可以结余到下个月；当有突发支出时，其他的支出就应该相应地减少……主打一个灵活变动，但最终目标是不能超出预算。

比如，小明7月的支出预算是4 000元，其中房租、水费、电费、网费的支出预算是2 500元，吃饭900元，日用品100元，购物500元。但因为这个月有朋友过生日，需临时支出300元，为了让这个月的开支不超出预算，小明决定将吃饭的支出减少100元，购物的支出减少200元。

7月支出预算总计：4 000元		
支出事项	调整前的预算	调整后的预算
房租、水费、电费、网费	2 500元	2 500元
吃饭	900元	800元
日用品	100元	100元
购物	500元	300元
朋友生日礼金	300元	300元
合计	4 300元	4 000元

第三步：学记账

每天坚持记账真的很难，好在现在手机支付、信用卡支付都会留下账单，方便我们记账。

以微信为例：

微信：打开微信页面，通过“我”→“服务”→“钱包”→“账单”，可以查看通过微信支付的月度账单及年度账单，还可以直接导入账单小程序，分析各项支出的构成。

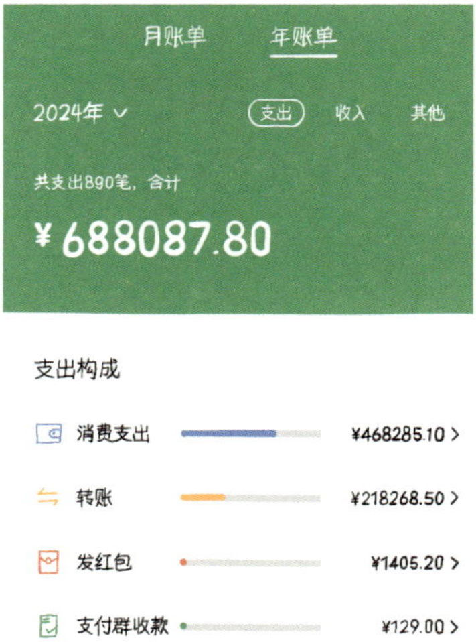

第四步：复盘

记账的目的是复盘。很多人觉得记账没用，就是因为少了复盘这关键的一步。复盘的目的就是帮你“断舍离”，减少不必要的花费。

据说世界上存在一个族群叫“剁手族”，他们常常在不知不觉间花费大量金钱，回头一看账单才懊悔不已，自嘲要剁手！

想要减少支出，真正做到“断舍离”，可以试试这些“抠门”技巧：

（1）在消费前，先问问自己这些消费是必要的还是想要的。

（2）不要因为追求“满减”而囤积大量用不上的东西。

（3）用好商家推出的优惠政策，比如平台优惠券、信用卡折扣等。

不过，在理性消费的同时，也不要真对自己太抠门，过度压抑自己的消费欲望，否则只会适得其反！

转变穷人思维

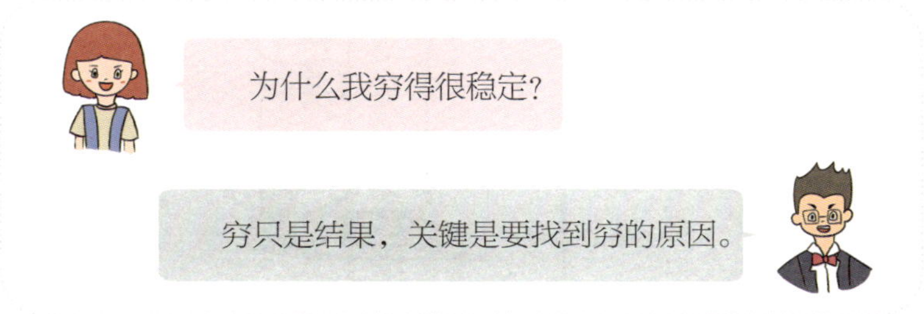

《富爸爸，穷爸爸》一书的作者罗伯特·清崎认为，让你贫穷的不是你的原生家庭，也不是你现在的工作，而是深植于你脑海里的“穷人思维”。富人与穷人的最大区别在于，比起总是想着“我买不起”和“我做不到”的穷人，富人更多的是花时间思考怎样才能做到。

如果总是把工作作为获得财富的手段，那么，你这一生都会被工作捆绑住，甚至会产生35岁、40岁以后失业且找不到新工作该怎么办的焦虑。

贫穷限制的不是想象力，而是思维。

富人和穷人有着不一样的底层思维。富人会想方设法努力让自己变得有钱，他们总能发现赚钱的机会，喜欢根据结果拿报酬，更倾向于让钱为自己工作，能够持续学习，欣赏成功的人；穷人只是想变得有钱，却总是看到困难，喜欢根据时间拿报酬，更倾向于自己为赚钱而工作，认为自己无所不知，缺乏持续学习的动力，嫉妒成功的人。

富人思维

穷人思维

2019年诺贝尔经济学奖得主阿比吉特·班纳吉和埃斯特·迪弗洛在《贫穷的本质》一书中写道：贫穷就像一道陷阱，让深陷其中的人无法逃离。他们在深入世界上十几个贫穷国家和地区实地考察后发现，穷人思维带来匪夷所思的消费习惯：人们越生越穷，越穷越生；可以饿着肚子，但绝对不能没有大屏幕电视机；为了购买平板电脑用掉了下一个月的房租，被房东驱逐出门； 给孩子购买高档衣服，用的却是高利息的信用卡和发薪日贷款；明明可以购买一床蚊帐来预防疟疾，却更愿意拿这笔钱来购买街边的海螺馅饼。

薛兆丰教授曾经在一档节目中分享过一个观点——留学读书期间不要去打工，可以借钱去读书。一旦开始洗碗打工，就会陷入恶性循环，因为你洗碗以后的体力不足以支持你再去读书。应该把精力放到读书上，好好读书。

节目中的一位选手贷款百万去哈佛大学读博士，工作后不久就还清了贷款。这一结果似乎验证了薛兆丰教授的观点。

钱多多听完牛先生的话，打开笔记本，默默地记下转变穷人思维的做法：

（1）制订理财计划，延迟满足。

（2）变得自律，少刷手机。

（3）学习技能，提升自己。

（4）保持健康，建立自信。

（5）和会赚钱的人做朋友。

（6）去看值得反复观看的搞钱纪录片：《无节制消费的元凶》《金钱与我》《为什么贫穷？》《走近比尔：解码比尔·盖茨》。

如何跑赢通货膨胀

同样是100元，我毕业那会儿还能两三个人大吃一顿，现在只够买个快餐了。

时间是个贼啊！

10年前，在银行存10 000元，存定期10年，年化收益率为3.5%；10年后，存款到期，利息收入是10 000×0.035×10=3 500（元），本金加利息一共是13 500元。

10年前，吃一顿火锅80元，10 000元可以吃125顿火锅。

10年后，吃一顿火锅200元，13 500元可以吃67.5顿火锅。

为什么明明多了3 500元，能吃的火锅反而少了将近58顿呢？

这都是通货膨胀惹的祸。如果换成房价，你会哭得更伤心。

所谓通货膨胀，简单来说，就是随着物价水平的上升，人们手里的钱的购买力下降了，钱变得没以前值钱了。比如，以前1元能买1根雪糕，现在同样1根雪糕要3元才能买到。物价上涨、购买力下降是人们对通货膨胀最直观的感受。经济学上常用CPI（居民消费价格指数）和PPI（工业生产者出厂价格指数）这两个指标来衡量通货膨胀。

2002～2022年居民消费价格指数和通货膨胀率

年份	居民消费价格指数（上年=100）	通货膨胀率
2002	99.2	−0.80%
2003	101.2	1.20%
2004	103.9	3.90%
2005	101.8	1.80%
2006	101.5	1.50%
2007	104.8	4.80%
2008	105.9	5.90%
2009	99.3	−0.70%
2010	103.3	3.30%
2011	105.4	5.40%
2012	102.6	2.60%
2013	102.6	2.60%
2014	102	2.00%
2015	101.4	1.40%
2016	102	2.00%

续表

年份	居民消费价格指数（上年=100）	通货膨胀率
2017	101.6	1.60%
2018	102.1	2.10%
2019	102.9	2.90%
2020	102.5	2.50%
2021	100.9	0.90%
2022	102	2.00%
平均值		2.44%

数据来源：国家统计局。

国家统计局每年、每月都会公布CPI数据，并且通过CPI的增长反映通货膨胀率。从国家统计局的数据来看，虽然2002—2022年的通货膨胀率平均值大约是2.44%，但人们在吃和住上感觉物价涨得特别快。

想让手上的钱不贬值，还能有较高的收益，可以用72法则来算一算该投资什么产品。

小课堂

72法则是估算投资价值翻倍所需时间的一种数学法则，指的是以1%的复利来计算，经过72年以后，本金会变成原来的1倍。同时，如果用72除以复利的年化收益率，就能得出本金翻倍所需的时间。其计算公式是：

本金翻倍时间=72÷（年化收益率×100）

也就是说，至少要实现7%左右的年化收益率，才能基本保证钱不贬值。如果还要赚到钱，年化收益率至少要在10%左右。这个小目标，仅靠存款是不可能实现的。

从人为钱工作到钱为人工作

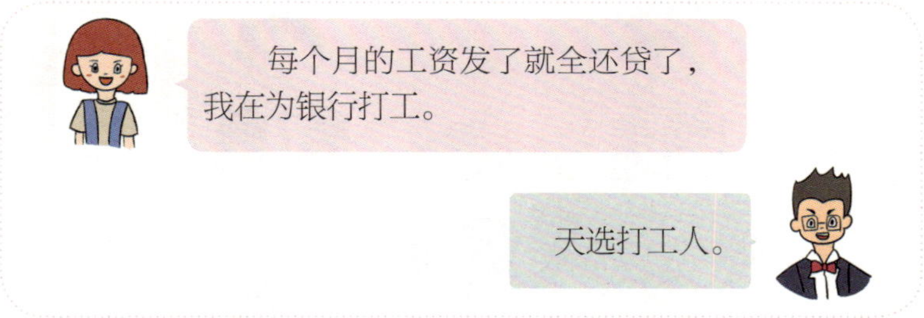

巴菲特说：“一生能够积累多少财富，不取决于你能够赚多少钱，而取决于你如何投资理财，钱找人胜过人找钱，要懂得钱为你工作而不是你为钱工作。”

怎么才能让钱为我工作呢？

还记得ESBI四象限理论吗？它解释了四种不同类型职业的赚钱方式。

ESBI四象限理论是罗伯特·清崎在《富爸爸财务自由之路》一书中提到的合理合法赚钱的四种方式。其中，E象限（Employee）代表雇员型，主要指收入来源为工资收入的人群，这一群体的特点是为别人工作，人数占比约为60%；S象限（Self-employed）代表自雇者型，主要指自由职业者和小企业主，这一群体的特点是为自己工作，人数占比约为30%；B象限（Business owner）代表企业家型，这一群体拥有一个系统来为自己工作，只需雇用员工来操作这个系统，人数占比约为5%；I象限（Investor）代表投资者型，主要指投资者，这一群体的特点是让钱为自己工作，用金钱创造金钱，人数占比约为5%。

ESBI财富四象限

打工人的精力平时已经被工作“掏空”，为什么还要像投资者一样追求钱生钱呢？

钱多多现在每月的工资收入是1万元，每年加薪5%。按照现在的收入情况，如果30岁还没升职，加薪幅度可能在2%左右。在不理财的情况下，假设不花费工资收入，尽管每年都有加薪，但年收益率逐年下降。

钱多多25-35岁工资收入（不理财）

年龄	工资收入/元	年初总资产/元	年末总资产/元
25	10 000.00	0	120 000.00
26	10 500.00	120 000.00	246 000.00
27	11 025.00	246 000.00	378 300.00
28	11 576.25	378 300.00	517 215.00
29	12 155.06	517 215.00	663 075.72
30	12 762.81	663 075.72	816 229.44
31	13 018.07	816 229.44	972 446.28
32	13 278.43	972 446.28	1 131 787.44
33	13 544.00	1 131 787.44	1 294 315.44
34	13 814.88	1 294 315.44	1 460 094.00
35	14 091.18	1 460 094.00	1 629 188.16

假设钱多多把所有的钱都购入指数型基金，指数型基金的年化收益率是10%。

即使年化收益率是10%，资产总额也比不理财的时候高了不少。

钱多多25-35岁工资收入（理财）

年龄	年收益率（投资部分）	工资收入/元	年初总资产/元	年末总资产/元	理财收益/元	资产总额/元
25	10%	10 000.00	0	120 000.00	12 000.00	132 000.00
26	10%	10 500.00	132 000.00	258 000.00	25 800.00	283 800.00
27	10%	11 025.00	283 800.00	416 100.00	41 610.00	457 710.00
28	10%	11 576.25	457 710.00	596 625.00	59 662.50	656 287.50
29	10%	12 155.06	656 287.50	802 148.22	80 214.82	882 363.04
30	10%	12 762.81	882 363.04	1 035 516.76	103 551.67	1 139 068.44
31	10%	13 018.07	1 139 068.44	1 295 285.28	129 528.53	1 424 813.81

续表

年龄	年收益率（投资部分）	工资收入/元	年初总资产/元	年末总资产/元	理财收益/元	资产总额/元
32	10%	13 278.43	1 424 813.81	1 584 154.97	158 415.50	1 742 570.46
33	10%	13 544.00	1 742 570.46	1 905 098.46	190 509.45	2 095 608.31
34	10%	13 814.88	2 095 608.32	2 261 386.88	226 138.69	2 487 525.57
35	10%	14 091.18	2 487 525.57	2 656 619.73	265 661.11	2 922 281.70

刚开始工作时，投资回报最高的是工资，它的收益远远超过投资收益。所以，在这段时间，最重要的是提升赚钱技能，尽可能多地积累本金，同时学习理财知识，用小资金在投资市场中积累经验。

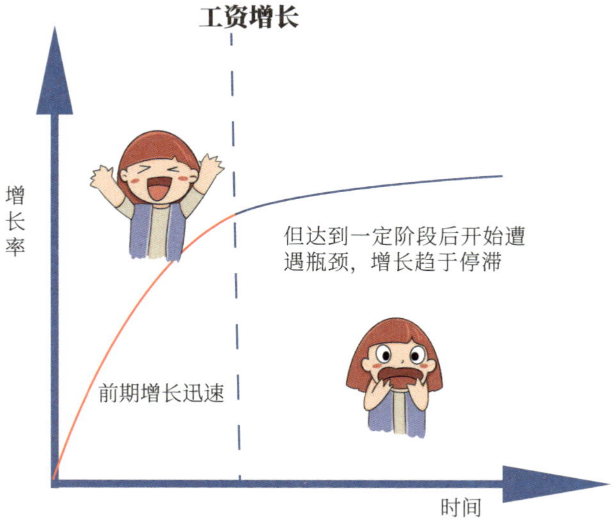

对数增长曲线

随着时间的推移，工资上涨带来的投资回报率慢慢下降，尤其是在35岁之后。此时，投资理财积累的资产会增加，如果工作没有很大的回报，通过理财获得收入也能快乐“躺平”。

理财收入增长

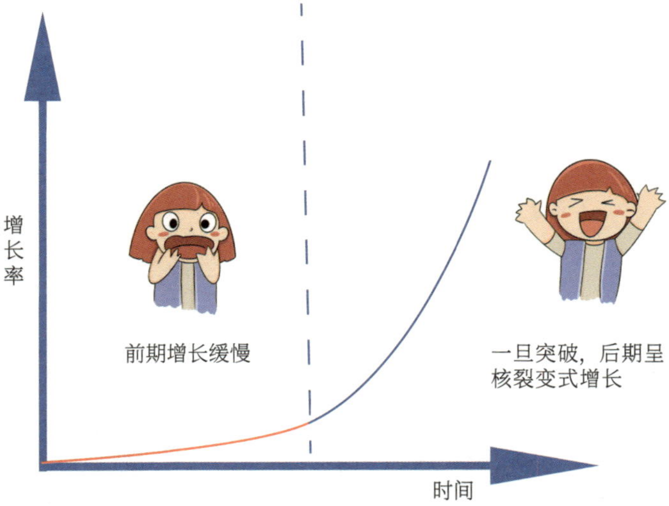

指数增长曲线

在众多理财产品中，指数型基金是比较简单的理财产品之一，在资金和理财知识都有一定的储备后，要想让财富处于正增长状态，投资组合、资产配置就变得尤为重要，本书后面的章节会专门介绍这些内容。

1985年，诺贝尔经济学奖得主弗兰科·莫迪利安尼在他提出的生命周期理论中提出知名的“草帽图”，直观地告诉我们什么叫“赚钱一阵子，花钱一辈子”。弗兰科·莫迪利安尼把人的一生按年龄分成0～25岁、26～60岁、60岁以后三个时间节点，三个时间节点的收入曲线和支出曲线可以作为资产配置的参考。这张“草帽图”是很多人开启财务规划之路的启蒙图，简明扼要地指出了我们人生财务规划的重点事项。

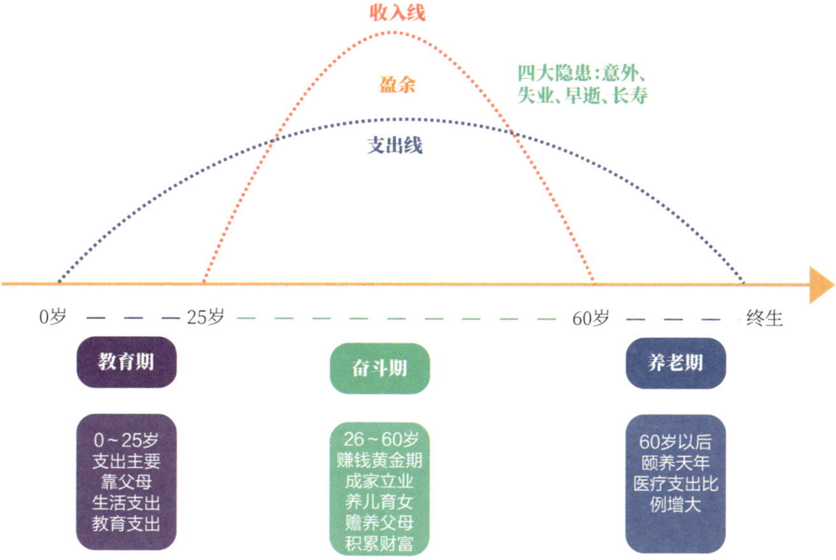

弗兰科·莫迪利安尼提出的“草帽图”

理财也要上保险

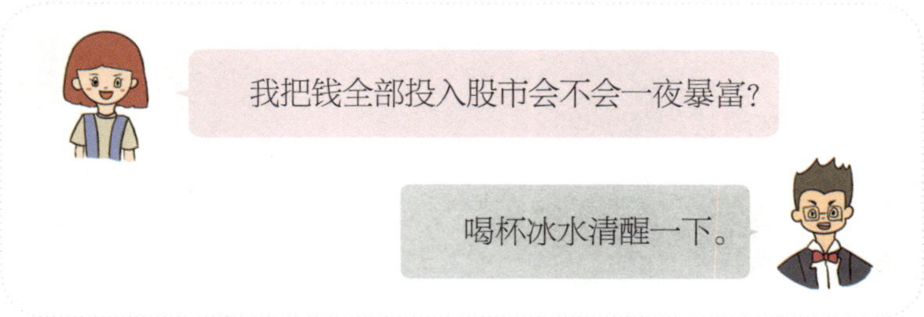

试想一下，如果把钱全部投入股市会发生什么事?

在股市上最容易亏钱的是哪些人？是那些把好不容易攒起来的钱全部投入股市，希望一夜暴富的人。他们往往对理财缺乏基本认知，更没有实战经验积累，某个“大师”说买啥就买啥，追涨杀跌，永远战斗在亏钱第一线。

“金融大鳄”索罗斯有句名言：“承担风险，无可指责，但同时记住千万不能孤注一掷。”如果抱着一夜暴富的心态去理财，就会像赌徒一样缺乏理智：每次亏钱都想赚回来，亏1元钱都难受，总想着哪里跌倒就在哪里爬起来，即使一直亏也不愿意离场。

抱着这些观念的理财小白，还是跟投资大佬们学习两个有用的风险管理方法吧！

1. 没有闲钱不要炒股

对于高风险、高收益的理财方式，例如股票，不能借钱或贷款来做，因为它们需要短期获利，无法承担过多的时间成本。

2. 分散投资

高风险、高收益的理财产品虽然有高收益率，但是如果把鸡蛋放在同一个篮子里，也是不明智的。要学会分散投资，合理地配置资产对任何人都适用。

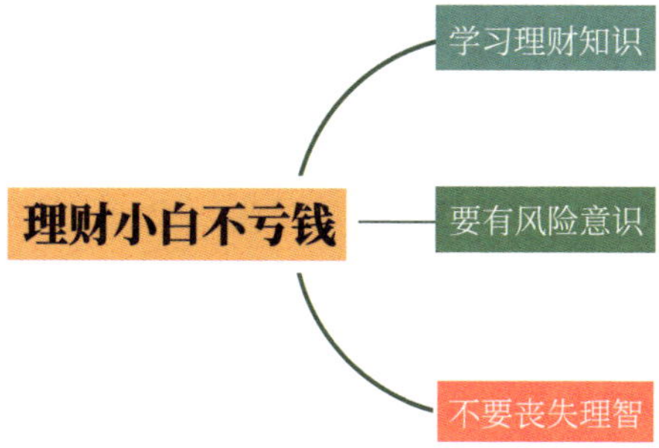

理财小白不亏钱的理财常识

好的债？坏的债？

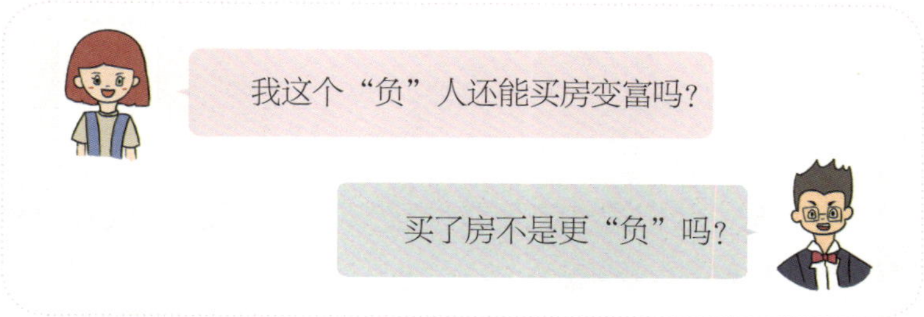

钱多多的父母有一套房在出租，租金为3 000元/月。这套房为单位分的房，无房贷。

钱多多目前租的房子是房东贷款买的投资房，房东的月供是3 500元，对外出租的租金为3 000元/月。

想一想：这两套房子都是资产吗？

还记得那只会生蛋的鹅吗？能带来收入的才是资产，例如，钱多多父母的那套房子。如果房租不能覆盖房贷，就是负债。

净资产 = 资产总额 – 负债总额

在理财时，我们常常过于重视资产却忽略了债务。其实，债务管理也是理财的重要部分。

良性负债就是对我们有帮助的负债，有人把它称为通往财富自由的敲门砖。例如，钱多多用公积金贷款买了套房，然后将这套房出租，再把出租收入投到股市里并赚了钱。公积金贷款的利率相对较低，股市收益相对较高，因此，钱多多的负债是良性的。

负债能让钱生钱，而且获得的收入高于负债需要支付的利息，这就是良性负债。

反之，如果钱多多拿这套房的出租收入投到股市后血本无归，这就是不良负债。免息期过后的信用卡贷款、车贷、买商品的分期贷款等都是不良负债。

搞清楚负债率也很重要。

负债率=负债总额÷资产总额×100%

一般情况下，负债率应低于50%。

想要负债率低于50%，这里有一套债务管理方案：

（1）合理利用信用卡，增加信用值，避免过度消费。

（2）远离高利贷，坚决不借月息超过2%的贷款。

（3）不要高消费，保持负债率低于50%。

（4）房贷尽量使用公积金贷款，尽量延长贷款年限；买车尽量全款，不买超过自己能力范围的车。

小黑板：理财小白要懂的理财常识

赚钱一阵子，理财一辈子。以下这些投资理财的基本常识，请理财小白认真对待！

1. 理财≠理钱

财是财富，财富不仅仅是指钱，不要因为金钱让其他东西受到伤害。

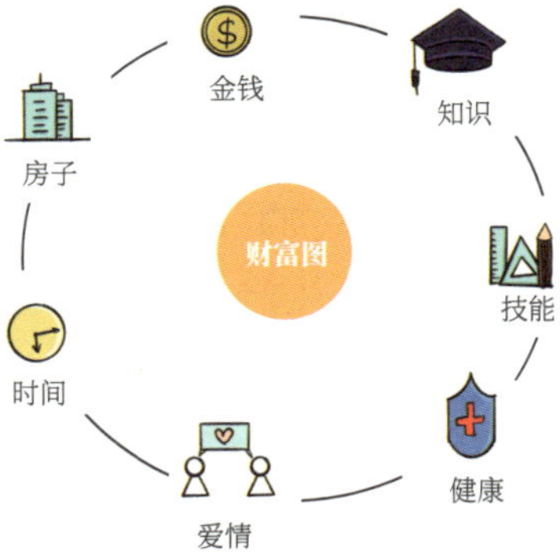

2. 理财≠理财产品

理财是管理自己的财产，理财产品只是达到理财目标的工具。

对我们来说，重要的是树立理财观念，设置长期或短期的理财目标，通过合理安排资金，为达成这些理财目标提供规划或解决方案。

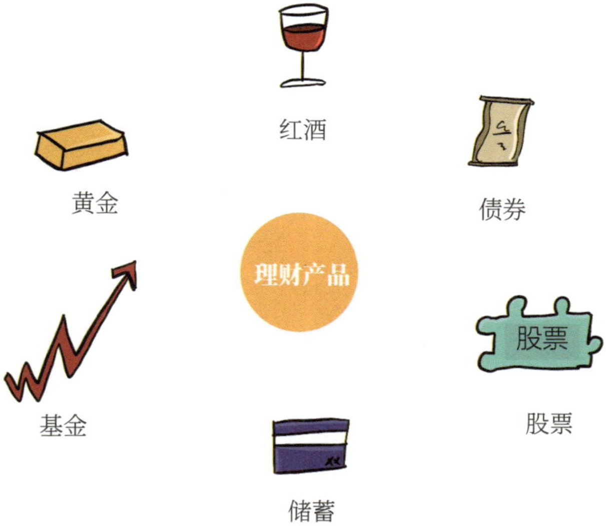

3. 没钱≠没有理财的钱

美国金融作家大卫·巴赫讲过一个“拿铁因子”的故事。一对夫妻由于每天早上必定要喝一杯拿铁咖啡，看似很小的花销，30年之后，累积的花销居然达到了70万元。看似不经意支出的小钱，如果能存下来也是一笔本金。

积累本金从转变观念开始。在积累本金的过程中，要分清无效存钱和有效存钱。

无效存钱	有效存钱
 因为便宜而买	 因为需要而买
 大钱没花，小钱不断花	 大钱小钱，笔笔谨慎
 先消费，后储蓄	 先储蓄，后消费
 只记流水账，月月记账月月光	 提前分配，科学记账

4. 预期年化收益≠实际收益

在买理财产品时，理财产品上标明的年化收益率大多只是预期收益率，其实这些产品的收益都是浮动收益，有一个浮动区间，但在宣传时，往往会标出最高预期收益率。所以，在购买理财产品时，建议先问清楚，或查一下这个产品的往期收益。新手不建议买新的理财产品。

△ 有趣的理财规律

（1）72法则：以1%的复利来计息，经过72年以后，本金会变成原来的1倍。

计算：

钱多多投资5万元买了一只年平均收益率为9%的基金，她的资产翻倍需要多长时间?

（2）80定律：主要用于高风险资产，比如股票，在投资中所占的比重，不能超过80减去你的年龄再除以100的百分数。

计算：

小明今年25岁，假设5年后他拥有30万元资产，他喜欢的股票投资最多能投多少钱?

（3）31定律：一个家庭每月负担的房贷应不超过家庭当月总收入的1/3，以免出现突发状况时应付不过来。

计算：

钱多多的家庭当月总收入为3万元，那么他们每月房贷的还款金额应该不超过多少?

（4）鳄鱼法则：假设一只鳄鱼咬住你的脚，如果你试图用手去挣脱你的脚，鳄鱼便会同时咬住你的脚和手。你越挣扎，被咬住得就越多。想要摆脱鳄鱼的钳制，唯一的方法就是牺牲那只脚。

在股票、基金市场里要懂得及时止损。

本章小结

看完这一章，你可以做这些事：

（1）熟练使用运算公式，把这一章的计算题都做一遍。

（2）制订一份理财计划。

（3）开始记账，并制定支出预算。

（4）从账单中找出可以省下的一项支出，把这笔钱存起来。

（5）看一些理财方面的书或纪录片。

第三章

不走弯路，理财避开四个坑

风险来自你不知道自己在做什么。

——沃伦·巴菲特

第一个坑：P2P理财

这个产品的年化收益率是110%，能买吗？

这肯定是“割韭菜”啊！

很多理财小白总想追求高收益，一些无良机构正是抓住这种心理，推出远高于市场均价的高收益率理财产品来“割韭菜”，重灾区就是近年频繁爆雷的P2P。

P2P是Peer-to-Peer的缩写。P2P理财是指个人与个人之间通过互联网借款，又称点对点网络借款。互联网公司作为借款中介，利用自己的平台给需要借钱和兜里有闲钱的人做对接，自己从中赚取利息差价。

听起来和银行差不多嘛！

如果是正规平台，这种借款方式确实比银行贷款方便。但是有一部分不法机构把自己伪装成P2P平台，先用高收益吸引投资者来投资，然后卷钱跑路。懂点金融常识的人就知道，这就是典型的庞氏骗局。

庞氏骗局，又叫金字塔骗局，简单地说，就是“空手套白狼”，用新投资人的钱支付老投资人的短期利息，制造赚钱的假象，从而骗取更多的投资。

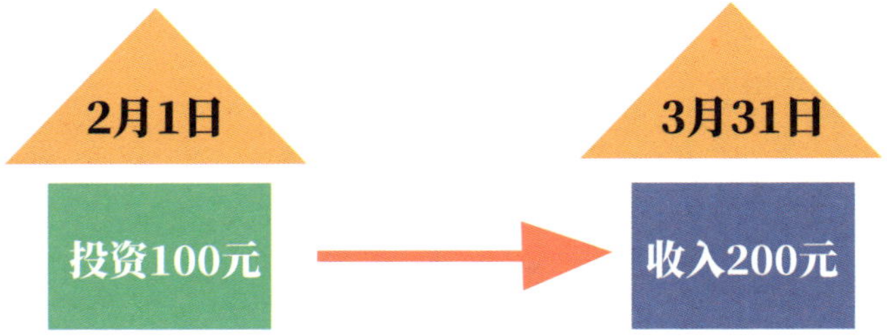

正是因为层出不穷的P2P平台爆雷事件、暴力催收等种种乱象，人们对网络贷款本能地产生恐惧，让正规的P2P平台无路可走。

如果选择P2P理财，尽量选择有银行存管的平台或有风投系背景的股东的平台。

第二个坑：虚假理财产品

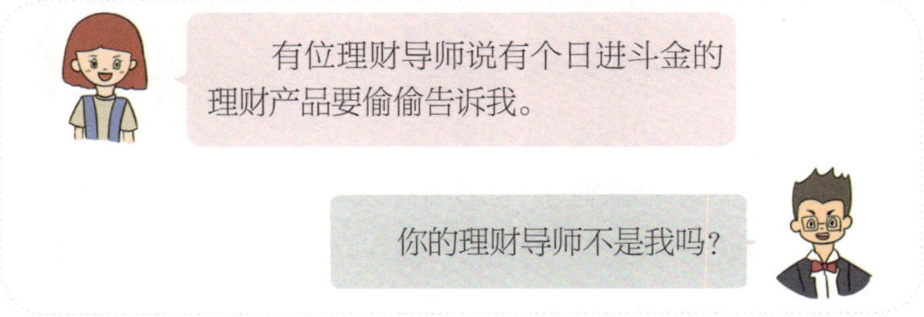

与P2P理财爆雷一样，各种理财产品爆雷也时有发生。

值得注意的是，这类容易爆雷的理财产品有时会借助银行、基金公司、保险公司等金融机构进行宣传，让人防不胜防。

所以，你在购买理财产品时，请牢记前面提到的“不可能三角”理论。

中国银行保险监督管理委员会前主席郭树清曾表示，高收益意味着高风险，收益率超过6%的就要打问号，超过8%的就很危险，10%以上就要准备损失全部本金。

请把这句话打印出来，贴在最显眼的位置！

无论购买什么理财产品，优先考虑以下两点：

（1）尽量买“透明”的理财产品，知道这个理财产品投资的是什么、潜在风险是什么、最坏的结果是什么。

（2）分散投资，降低风险。

第三个坑：“原始股”非法集资

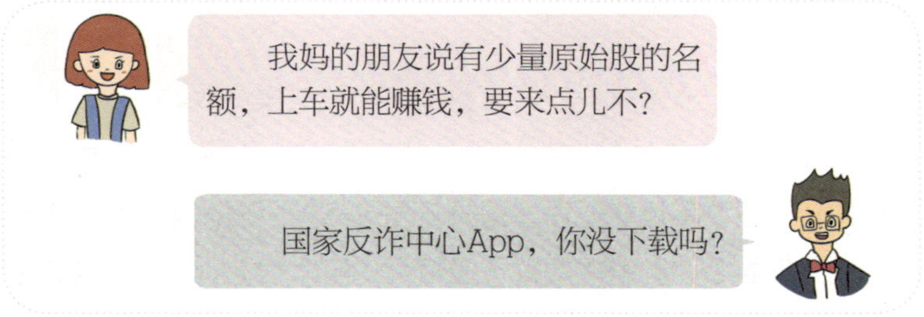

如果接到这类电话或信息，请你想一想：

这么大的饼为什么会掉到你的头上？

这种以“原始股”为诱饵的非法集资大致有三类：

第一类以公司要在四板、Q板、E板等“上市”之名，通过当地报纸等媒体公开宣传并发行“原始股”。

第二类以股权众筹之名，通过第三方网站、微信公众号等网络媒体公开宣传并发行“原始股”或公开转让股权。

第三类以发售“原始股”的名义实施传销骗局，通过熟人相互推荐购买虚构的海外上市公司“原始股”，形成金字塔型传销网络。

证监会早已多次提醒投资者警惕这类非法集资活动。

根据国家法律法规有关规定，公司未经依法注册向境内公众发行或转让股票是违法行为，相关公司及其大股东在境内公开发行或转让“原始股”涉嫌非法发行股票。一旦发现上当受骗，应及时向公安机关报案，以免遭受财产损失。

第四个坑：非法外汇交易

根据相关法律规定，凡未经批准的机构擅自开展外汇按金交易的，属于违法行为；客户（单位或个人）委托未经批准的机构进行外汇按金交易的，无论以外币还是人民币作为保证金，也属于违法行为。

社会上常见的非法网络炒汇，更有不少是假借网络炒汇的名义而进行的集资、诈骗等具有犯罪性质的非法资金活动。

违法交易平台。打着国外监管的旗号行骗，让投资者在平台上开户交易，平台伪造后台数据，通过人为虚构汇率波动吃掉投资

者的资金，然后拿着钱直接跑路。

以招聘名义进行诈骗。承诺入职前提供“免费技术培训”，想要正式入职就要通过公司的实盘考核，而实盘考核的资金由求职者自己出。无论交易盈亏，产生的佣金都会进入公司的口袋；即使有一部分幸运儿盈利了，也仅仅是账面浮盈，能不能拿出来还是一个大问题。

虚拟货币

虚拟货币，顾名思义，是一种运用数字技术以加密方式创建、存储和传输的货币。在我国，它不由货币当局发行，不具有法偿性与强制性等货币属性，不具有与货币同等的法律地位，也不能作为货币在市场上流通使用。人们熟知的比特币、泰达币、以太币都是虚拟货币。

参与虚拟货币投资交易活动存在不少法律风险，比如权益风险、诈骗风险和安全风险。

权益风险

虚拟货币交易平台不受金融监管机构监管，存在安全风险和投资者权益被侵犯的风险。

诈骗风险

虚拟货币市场由于监管问题，投资者可能会被诈骗，出现财产损失。

安全风险

虚拟货币容易被用于非法活动，比如洗钱、走私等损害国家安全和利益的行为。

熟悉虚拟货币的人对“挖矿”应该不陌生，它是指通过专用“矿机”计算生产虚拟货币的过程。根据我国相关规定，虚拟货币“挖矿”对国民经济贡献度低，对产业发展、科技进步等带动作用有限，但是能源消耗和碳排放量大，再加上虚拟货币生产、交易环节衍生的风险突出，影响经济社会高质量发展和绿色、循环、低碳发展，不利于国家金融安全和社会稳定，已被我国列为淘汰类产业。

小黑板：理财人“黑话”术语

理财人“黑话”术语，秒懂他们在说啥。

利好：让理财产品收益上涨的消息。

利空：让理财产品收益亏损的消息。

存款准备金：银行吸收的存款不能全部用于放贷，需要抽出一部分给央行保管，以保证客户提取存款和进行资金清算。

杠杆：用借来的钱去投资赚钱。

去杠杆：借的钱太多了，不能再借了，先还一点儿。

追涨：股票价格在高位时买入。

杀跌：股票价格在下跌时卖出。

看多：看好市场，认为资产价格会上涨。

看空：不看好市场，认为资产价格会下跌。

做空：先借入目标资产，然后高价卖出，等低价时再买入资产归还，赚取中间差价。

止盈：达到目标收益后卖出。

止损：当亏损达到预定金额时，及时卖出。

IPO（首次公开募股）：公司第一次将它的股份向公众出售。

LPR（贷款市场报价利率）：银行贷款利率的参考价。

黑天鹅：无法预料的风险突然出现。

灰犀牛：大概率且影响非常大的潜在危机。

本章小结

看完这一章，请你试着完成下面这些事，并记录下来。

（1）上网搜一搜最近有哪些理财爆雷事件。

（2）问问身边的朋友，他们在理财的过程中踩过哪些坑。

（3）想想如果自己遇到亲戚、朋友推荐理财产品，该如何辨别是不是坑。

第四章

管好钱袋子 必备四张表

控制支出，就是走向财务自由的第一步。

——戴夫·拉姆齐

财务体检表

昨天的体检报告出来了，我仍然是一个健康的青年。

如果你的财务状况和你的身体一样健康就更好了。

下面有三个问题，看看谁能一秒钟答出来。

（1）你有多少债务？

（2）你有多少资产？

（3）你每月的固定支出是多少？

把自己当成一家公司来经营：公司每年都有年报来展示一年的经营状况和业绩；如果把自己当成一家公司，你清楚自己“荷包”的真实情况吗？成功的理财达人通常每隔一段时间，比如一个月或一年，就会给自己的财务状况做一次“体检”。

把自己当作公司的会计师，填写收支表和资产负债表后，根据财务体检表来检测自己的财务健康度。

收支表

项目	金额
工作收入	
其中：薪资收入（可支配收入）	
其他工作收入	
减：生活支出	
其中：日常生活支出	
教育	
旅行娱乐	
人情	
其他（注明）	
工作储蓄	
理财收入	
其中：利息收入	
资本利得（转让差价）	
其他理财收入（请标注）	
减：理财支出	
其中：利息支出	
保障型保险保费支出	
其他理财支出（请标注）	
理财储蓄	
储蓄	

资产负债表

资产	金额	负债及净值	金额
现金及活期存款		信用卡欠款	
货币基金		小额消费信贷	
其他（请备注内容）		其他消费性负债	
流动性资产合计		消费性负债合计	
定期存款		投资房产贷款	
长期投资1（注明种类）		实业投资借款	
长期投资2（注明种类）		投资性房产按揭贷款	
……		其他投资性负债	
工资收入		投资性负债合计	
投资性资产合计		自用住房按揭贷款	
自用房产		自用汽车按揭贷款	
自用汽车		其他自用性负债	
其他自用性资产		自用性负债合计	
自用性资产合计		负债总计	
资产总计		净值	
		负债和净值总计	

财务体检表

体检项目		结果	评估说明	评估结果	改善方案
安全指标	应急能力	n/a	指标=流动资产÷日常必须月支出 结果＜3，合格 3≤结果≤6，优秀 结果＞6，流动性过剩，资金没有得到充分利用		
偿债能力	短期债务	n/a	指标=流动资产÷短期负债 （其中短期负债用消费性负债衡量，可以根据实际情况调整） 结果≤2，不合格 结果＞2，合格		
	中长期债务	n/a	指标=总负债÷总资产 结果≤60%，合格 结果＞60%，压力过大		
	还款现金流	n/a	指标=每月负债的还款额÷月收入 结果≤40%，合格 结果＞40%，压力过大		
	当年实际借款利率(平均负债利率)	n/a	指标=年实际利息支出÷总借款额 结果≤10%，合格 结果＞10%，成本过高		
	保障能力（需单独评估，详见后续保险章节）		保障目的在于：遭遇重大风险后，生活仍能依旧；需检测是否为自己和家人配置了保险		
成长指标	储蓄能力	n/a	指标=每月储蓄÷每月收入 （储蓄含房贷本金、基金定投等固定储蓄部分，剔除非经常收支影响） 结果≥30%，储蓄率达标 结果＜30%，继续努力		
	生息资产比例	n/a	指标=投资资产÷总资产 结果≥50%，投资增值能力合格 结果＜50%，继续努力		
	投资回报率	n/a	指标=每一年投资收益÷总投资资产 新手年收益率5%就是一个不错的开头		
财富自由	财富自由度	n/a	指标=被动收入÷生活支出 结果＜1，百分比表示自由度，如60%表明已经具备60%财富自由度 结果≥1，实现基本财务自由，数值越大表明自由空间越大		

目标量化表

立了这么多flag（目标），终于把这件事办成了！

这件事很难办不成啊！

理财没有目标，就像没有结果的加班，永远不知道最终要完成的任务是什么。理财小白刚开始理财时，很喜欢树立目标：买豪宅、买跑车、年赚百万。但如果没有制订达成目标的计划，没有把目标变成现实的实际行动，这些目标也只能是贴在墙上的装饰。

真正想通过理财实现财富自由的人通常这样做。

第一步：树立可量化的理财目标。

按照之前提过的SMART原则，制定短期、中期、长期可量化的理财目标。

第二步：把目标分解为可执行的计划。

按照完成时间和达成目标的步骤把目标分解成可执行的计划。以中期理财目标2014—2017年为例，假设我们要在4年后买一辆新车，需要10万元，平均一年需要攒下2.5万元。为了让目标达成，我们可以先摸清自己的家底，写下每年的收支明细，如下表所示。再根据目标，制订一份详细的计划，看看自己在现有的收支明细的基础上，能否达成目标，如果不能达成目标，自己应该采取怎样的办法去达成目标。

2014—2017年的收支项目明细

收支项目	年份			
	2014	2015	2016	2017
工作收入				
减：日常消费				
减：偿还借款				
工资结余				
本年初可供投资的总资产				
减：年初大额支出				
本年新增可供投资的工资结余（全年工资结余的1/2）				
投资本金				
本年投资收益率				
本年度理财收入				
本年末可供投资的总资产				

第三步：执行计划并复盘。

为了让目标实现，除了制订计划，还要具体去做，也就是执行计划。根据计划一步步落实并复盘。即使计划有变化和偏差也不要紧，保证大方向不变即可。理财不是做数学题，理财有赚有赔，也有赚得多和赚得少的区别。

通过风险控制，学习如何让资金从少亏到不亏再到赚钱。用每天记笔记的形式来复盘每日理财的实际盈亏。通过复盘，及时了解理财的实际盈亏与目标是否一致。

理财分析表

时间	理财目标	实际盈亏	对策方案
1月			
2月			
3月			
4月			
5月			
6月			
7月			
8月			
9月			
10月			
11月			
12月			

资产盘点表

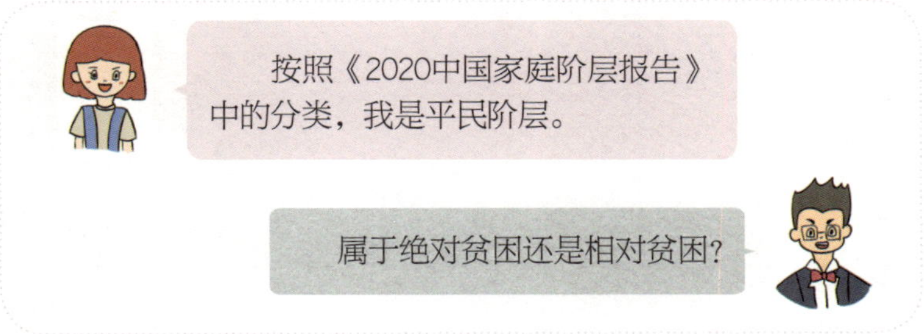

一家企业每到年终都会花费大量的时间和精力做资产盘点，成长中的理财人至少每年也要把个人资产做一次盘点，了解自己的真实“身价”。

通过财务体检表，可以了解自己的收入情况和负债情况，量入为出，制订合理的消费计划和本金存储计划。

通过资产盘点表，可以全面了解自己的资产情况，为资产配置和制订理财计划打下良好的基础。

资产盘点表

资产	金额	负债及净值	金额
现金及活期存款		信用卡欠款	
货币基金		消费借款	
其他流动性资产		其他借款	
流动性资产合计		消费性负债合计	
定期存款		投资房产贷款	
银行理财		其他投资性负债	
基金		投资性负债合计	
股票		自用住房的贷款	
储蓄型保险		自用汽车的贷款	
投资型房产		其他自用性负债	
其他投资性资产		自用性负债合计	
投资性资产合计		负债总计	
自用房产		净值	
自用汽车		负债和净值总计	
其他自用性资产			
自用性资产合计			
资产总计			

理财统计表

我有银行账户、基金账户、股票账户　这么多账户根本管不过来啊！

你的游戏账户管得很好嘛。

你知道自己每个理财账户的账号和密码吗？前几天，钱多多帮妈妈去银行取一笔到期的定期存款。因为钱多多连续三次输错密码，存折被锁住，最后，还是妈妈本人到场才重新解锁。这件事花费了钱多多和妈妈不少精力，钱多多还为此专门请了半天假。

“好记性不如烂笔头。”在理财之前，先把你的理财账户的账号、密码和金额整理好，然后根据你的投资需求和对理财产品的分析做好理财规划。

理财统计表

账号	密码	金额	备注

投资需求和理财产品分析表

<table>
<tr><td rowspan="1">投资需求</td><td>1.我的投资金额：
投入金额____元，占总资产的____ %
2.占用时长：
这笔钱，我预计在____（时间）之后需要拿回____元
3.投资目标：
预期收益____%，可承受最大亏损____%</td><td>理财产品分析</td><td>1.投资方向：
该产品背后的具体投资方向是____，比例分别是____
2.发行人/交易平台：
该产品的发行人是____，参与人是____
3.投资期限：
固定期限投资，投资期限为___至___；非固定收益类投资，投资____天
4.投资收益：
该笔投资的预期收益率是____%
5.投资风险：
该投资经营发生的最大亏损率是____%
6.投资费用：
我需要付出____元交易费用，具体包括____
7.交易限制：
该产品有哪些购买限制、交易限制？（时间/金额/政策）</td></tr>
<tr><td colspan="4">行动备注</td></tr>
<tr><td colspan="4">1.____（时间）后卖出</td></tr>
<tr><td colspan="4">2.在获利____%后卖出</td></tr>
<tr><td colspan="4">3.在亏损____%后卖出</td></tr>
<tr><td colspan="4">4.在____（变化）后卖出</td></tr>
<tr><td colspan="4">5.其他卖出条件：____</td></tr>
</table>

小黑板：不会出错的资产配置公式

理财时可以用得上的资产配置方法——标准普尔家庭资产配置。

世界权威金融分析机构之一——标准普尔，通过研究全球10万个资产长期稳健增长的家庭，提出标准普尔家庭资产配置的建议图。它把钱分为四个账户：现金账户、保障账户、投资账户和长期收益账户。每个账户占一定的比例，每个家庭可以根据自己的实际情况来调整相应的比例。比如，钱多多目前的首要任务是赚钱，这一部分的比例可以调高；养老和保命的钱可以调低比例。

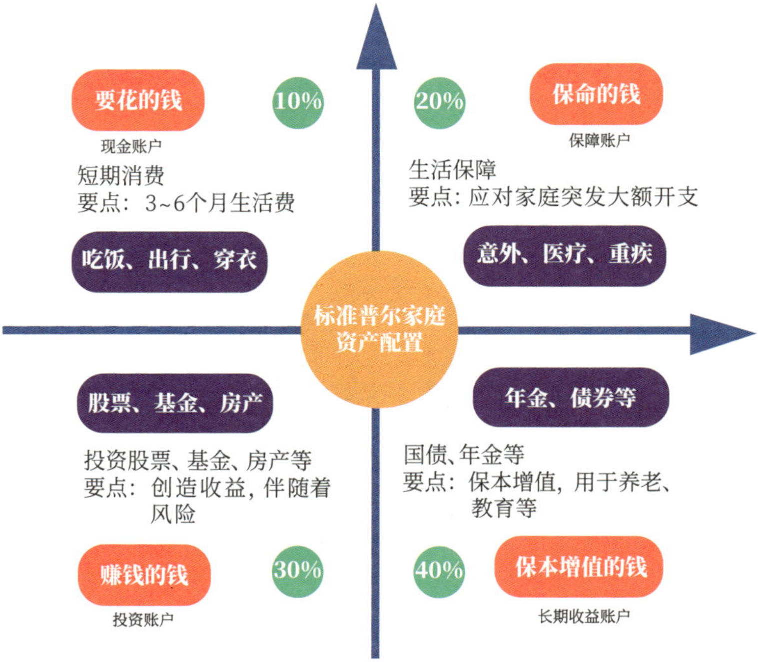

标准普尔家庭资产配置图

本章小结

看完这一章，试着完成下面这些事：

（1）给自己做一次财务体检。

（2）盘点一下自己的资产。

（3）制订一份可以执行的理财计划，并监督每年的完成情况。

第五章

被低估的理财方式——储蓄

储蓄是致富之路的起点。

——乔治·S. 克拉森

不能不知道的储蓄常识

储蓄的利息这么低，都跑不赢通货膨胀，为什么不把钱都放在股市？
股市一定稳赚不赔吗？
储蓄的钱跑不赢通货膨胀，股市至少有滚雪球的机会。
你有多少本金？

藤田田的故事

名校毕业的藤田田想要拿到日本麦当劳的特许经营权。当时，麦当劳的特许经营权申请条件很苛刻，要求经营者有75万美元现款和一家中等规模以上银行的信用支持。但藤田田只有5万美元存款和4万美元借款。

带着对未来发展的信心，藤田田走进日本五大银行之一住友银行总裁办公室。面对住友银行总裁的犹豫，藤田田说：

"先生可否让我告诉你，我那笔5万美元存款的来历呢？那是我6年来按月存款的收获。6年里，我每月坚持存下工资和奖金，雷打不动，从未间断。6年里，无数次面对过度紧张或手痒难耐的尴尬局面，我都咬紧牙关，克制欲望，硬挺了过来。有时，碰到意外事故需要额外用钱，我也照存不误，甚至不惜厚着脸皮四处借贷以增加存款。这是没有办法的事，但我必须这样做，因为在跨出大学门槛的那一天我就立下宏愿，要以10年为期，存够10万美元，然后自创事业，出人头地。我坚信，在小事上过硬的人，才干得成大事。现在机会来了，我一定要提早开创自己的事业。"

住友银行总裁被这位年轻人强制储蓄的毅力和坚持创业的决心打动，给他提供了贷款和信用支持。最终，藤田田也成为拥有3 000多家麦当劳连锁店的商业巨子。

如果每个月一发工资就强制自己在银行存一笔2 000元的定期，利率按3.2%计算，倘若存3年，会有多少钱?

按照单利计算，每年本金加利息合计：

2 000×（1+3.2%）×12=24 768（元）

3年本息合计：

24 768×3=74 304（元）

如果这3年存的钱不取出来，每个月到期后，本息一起存进去，存3年，会有多少钱？钱多多接着算了起来。

按照月复利计算，3年本金加利息合计：

$36\times2\,000\times(1+3.2\%/12)^{36}\approx79\,244$（元）

原来积少成多的储蓄也是一笔不小的数目，再加上复利效应，长期坚持下去，还真有不可思议的效果呢！

虽然储蓄不能让你变成百万富翁，但是要炒股的本金、学习的花费不就都有了吗?

巴菲特说过：“没有养成正确储蓄的习惯，是一般人最大的错误。”

储蓄的优势

几乎所有的理财书都会提到储蓄是幸福人生的托底方式。在中国，储蓄更是爸爸妈妈那一辈喜闻乐见的一种传统理财方式。钱多多这一代年轻人常常会忽略储蓄作为理财方式之一的重要性，它可是收入不多的年轻人积累本金的第一步。

储蓄有三大优势：一是简单方便；二是投资风险低；三是容易套现。

储蓄的三大优势

1. 简单方便

储蓄不需要具备专业的理财知识，普通的储蓄投资的条款清晰，存多少，回报多少，这些都清清楚楚。银行储蓄很方便，既可以在银行柜台操作，也可以在自动存取款机上操作，还能在手机银行上操作。

2. 投资风险低

我国的很多大银行都是国有企业，银行的背后是国家信用背书，储蓄的风险远低于其他大多数投资方式。特别是在投资大环境不好的时期，投资机会很少，很多投资理财项目都会出现亏损的情况。这时，坚持现金为王的做法，把钱放进银行能保证本金的安全，且收益稳定。

3. 容易套现

我们在前文中讲过，个人资产中必须有一笔可以在短时间内提取的应急资金。这笔应急资金就非常适合存入银行，在保证资金安全的前提下，能够有一定的收益，并且能够在短时间内取出，起到应急的作用。

储蓄的劣势

不过，储蓄不能作为唯一的理财方式，尤其是在有一定的本金和专业理财知识的情况下，因为与其他的理财方式相比，储蓄有利率低、资金流动缓慢的劣势。

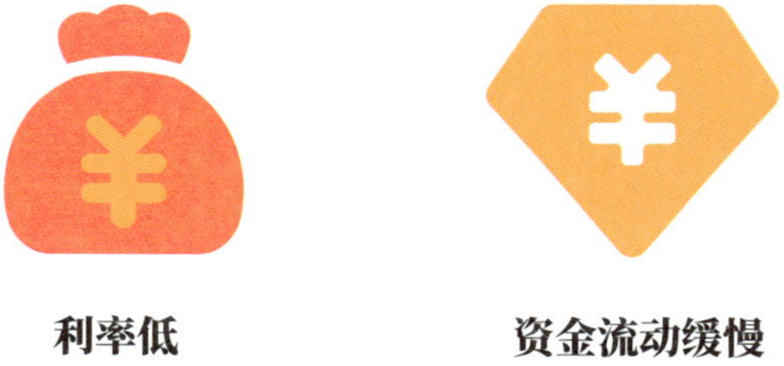

储蓄的劣势

两种基本储蓄形式

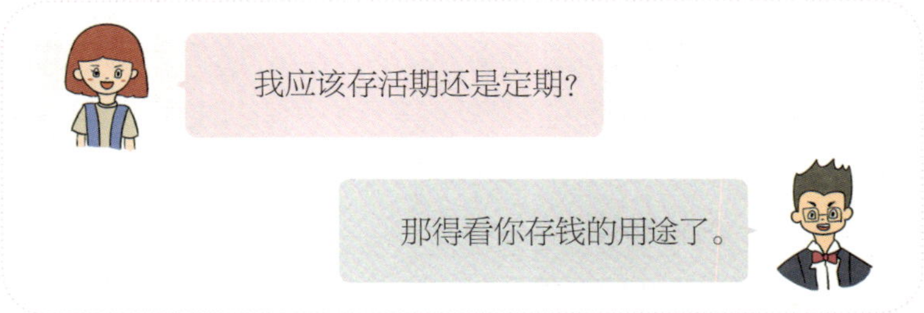

倘若你选择将一部分资金用于储蓄，就要尽可能地把这一部分资金利用起来，通过合理的储蓄方式，在起到应急作用的同时，提高资金的收益率。

目前，我国的基本储蓄形式有两种：活期储蓄和定期储蓄。

活期储蓄：没有存取期限的银行资金存取服务。储户可以通过银行卡或存折在银行柜台、银行自助设备或者手机银行上进行操作。

适用场景：应急、近期有大笔支出和日常生活开销。

定期储蓄：约定存期，可一次或分次存入，一次或多次取出本金或利息的储蓄方式。定期储蓄的利息视存款周期的长短而定，又分为整存整取、零存整取、整存零取、存本取息四种形式。

①整存整取：一次性存入一笔资金，到达存款期限后一次性取出本金和利息的储蓄方式。通常来说，存款期限越长，年利率就越高。在同样的资金和时间条件下，整存整取是利率最高的一种储

蓄方式。

适用场景：强制储蓄或老年人在没有其他理财方式时使用。

利息计算公式：利息=本金×约定的利率×时间

注意：如果在存款到期前提前支取，利息将按照活期存款计算，所以在存款之前一定要估算好这笔资金存储的时间。如果约定存期为两年，结果刚过了一年就要使用这笔存款，其利息收入反倒不如直接存一年的利息收入高。

②零存整取：储户约定存期，每月进行固定存款，到期一次性支取所有本金和利息的储蓄方式。零存整取的利息为同期整存整取利息的60%。

利息计算公式：利息=月存金额×累计月积数×月利率

其中，累计月积数=（存入次数+1）÷2×存入次数

注意：零存整取的单笔最低存款额为5元，第二次开始存入金额只能以开户时存入的金额为固定储蓄金额，不能更改。对于年轻人来说，零存整取储蓄压力相对较小，每个月设定一个储蓄小目标比整存整取更容易达成。

③整存零取：在存款开户时约定好存款的期限和固定的支取期限，一次性存入本金，然后分期支取本息的储蓄方式。存期通常为一年、三年、五年，最低1 000元起存，支取期分为一个月、三个月以及半年一次，具体时间需要储户在存款时与银行协商确定。整存零取的利息与零存整取一样，一般为同期整存整取利息的60%。

适用场景：有计划性支出的人群，例如，家里有子女要去异地上大学的家长可以以家长的名义存储一笔资金，约定好每个月支取的金额（约为子女每个月的花销），可以免除每次异地汇款的费用，还可以通过固定的支取金额来约束子女的日常开销，培养他们合理支配资金的能力，同时还能获得比活期存款更高的利息。

以支取期为一个月为例的利息计算公式：利息=月支取金额×累计月积数×月利率

其中，累计月积数=（支取次数+1）÷2×支取次数

④存本取息：本金一次性存入，约定存款期限和取息周期，存款期间可以多次取出利息，到期后一次性取出本金的储蓄方式。存本取息一般5 000元起存，存款期限分为一年、三年、五年，取息周期可以是一个月或几个月。存本取息的利息为同期整存整取利息的60%。

适用场景：适合资金较多但没有合适投资项目的人，例如，一些老人通过存本取息的方式维持日常开销，本金用于应急。诺贝尔奖的奖金就是瑞典化学家诺贝尔的一部分遗产所产生的利息，存本取息的储蓄方式使这个奖项能够一直延续下去。

利息计算公式：每次支取利息数=本金×存期×利率÷支取利息的次数

除了以上基本储蓄方式，还有教育储蓄，它也是零存整取的一种方式，是针对小学四年级及以上的在校学生开办的零存整取式

的储蓄。存款到期后，储户可以凭存折和学校提供的正在接受非义务教育的学生身份证明，一次性支取本金和利息。储户凭“身份证明”可以获得利息优惠，并且免除存款利息所得税。存期分为一年、两年、六年，最低起存金额为50元，本金合计最高不能超过2万元。

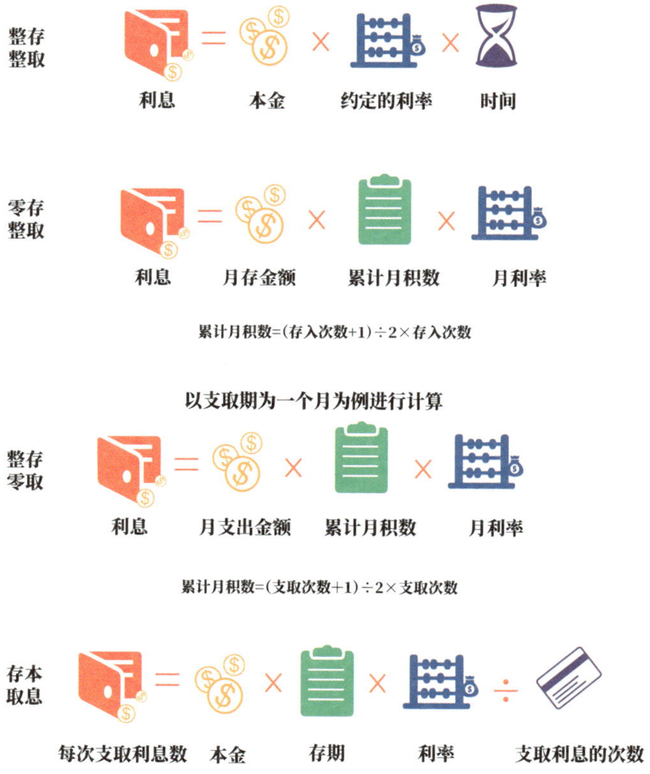

四种定期储蓄形式的利息计算公式

五种银行不想让你知道的储蓄技巧

有没有可以让我“抄作业”的存款方式啊？

我来科普5个在理财高手圈中流传的实现利息最大化的储蓄方式。

大名鼎鼎的十二存单法

把资金分别存到12张存单里，每个月固定存一笔钱到1张存单中，每张存单的存款期限都是定期一年，坚持存12个月。到了第二年，手中就会有12张储蓄期限为一年的定期存单，并且第一个月的存单已经到期，可以支取本金和利息。如果没有急用，可以继续把这一部分本金和利息再加上每月定额的资金一起存入银行，形成良性循环。之后，每个月都有资金可以从银行取出，并且利息是以定期存款的利率计算。与此类似的储蓄方式还有三十六存单法。

倘若钱多多每月固定存1 000元，坚持存12个月，按年利率1.75%计算，她的本息就有12 210元。到了第二年，钱多多每月的存款金额为2 017.5元，如果连续存2年，钱多多的本息合计就有约24 633.68元。

钱多多采用十二存单法

月份	第一年存款金额/元	到期本息/元	第二年存款金额/元	到期本息/元
1月	1 000.00	1 017.50	2 017.50	2 052.81
2月	1 000.00	1 017.50	2 017.50	2 052.81
3月	1 000.00	1 017.50	2 017.50	2 052.81
4月	1 000.00	1 017.50	2 017.50	2 052.81
5月	1 000.00	1 017.50	2 017.50	2 052.81
6月	1 000.00	1 017.50	2 017.50	2 052.81
7月	1 000.00	1 017.50	2 017.50	2 052.81
8月	1 000.00	1 017.50	2 017.50	2 052.81
9月	1 000.00	1 017.50	2 017.50	2 052.81
10月	1 000.00	1 017.50	2 017.50	2 052.81
11月	1 000.00	1 017.50	2 017.50	2 052.81
12月	12 000.00	12 210.00	24 210.00	24 633.68

倘若，钱多多按零存整取、年利率1.15%计算，她两年的利息为375元。

利息=1 000×（24+1）÷2×24×（1.15%÷12）=375（元），本息合计：24 375（元）。

由此看来，用十二存单法比零存整取的储蓄方法，利息多出200多元。

阶梯式的五张存单法

这种储蓄方法更适合有一定本金的人。把资金分为5份，分别存1份一年定期、2份两年定期、1份三年定期、1份五年定期。第二年，第一份一年定期的存款到期，取出来连本带利一起再存五年的定期存款；第三年，有2份定期存款到期，把这2份存款连本带利分别再存1份五年定期和1份两年定期，以此类推，直到存单都变成五年定期。

倘若钱多多手上还有1万元，打算用五张存单法来储蓄。钱多多可以把10 000元分为5份，每份2 000元，分别按一年、两年、三年和五年存定期。

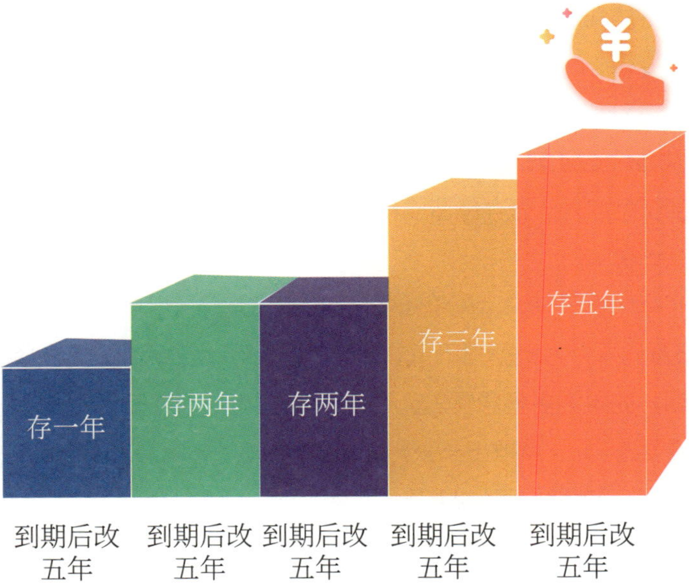

阶梯式的五张存单法

这种方式适合以年为周期开销的个人和家庭，在保障生活的同时，能够利用五年循环的定期存款赚到更多的利息，从而提高资金的回报率。

由少到多的金字塔式储蓄法

金字塔式储蓄法就是把一大笔资金按照金字塔的结构由少到多拆分成几份，分别存入银行。如果急需用钱，可以根据用钱的金额选择相应的存单支取。

这种储蓄方式让资金使用变得更灵活。储户在急需要用钱时可以选择提前支取部分存款，保留一部分资金作为定期存款，避免全部资金放入一张存单造成利息损失（定期存款提前支取会按活期存款计息）。

举个例子来说。假设钱多多手上有5万元可以储蓄，她打算把这5万元拆分为3份：1万元、2万元和2万元，然后把这3份分别存定期。如果钱多多急需2万元应急，就取出一张2万元的存单；如果需要3万元，就取出一张1万元的存单和一张2万元的存单；如果需要4万元就取出两张2万元的存单。

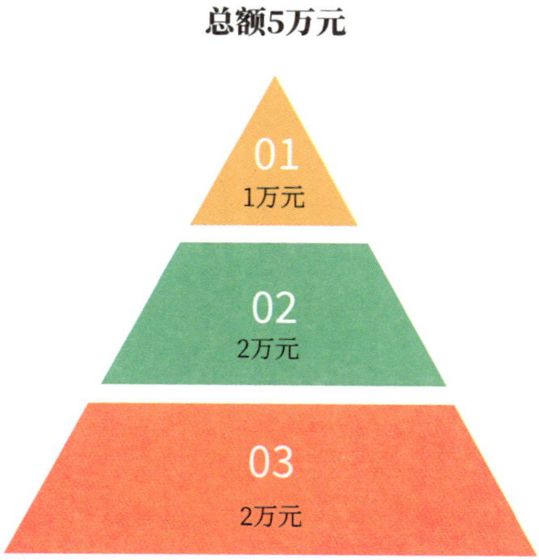

金字塔式储蓄法

神奇的复利储蓄法

爱因斯坦说过："复利是世界第八大奇迹。"储户在储蓄时采用复利储蓄法，不仅能提高资金利用率，还能在加息周期增加获得的利息。

使用复利储蓄法获得的收益的计算公式：收益=本金×（1+R）^{n}

使用复利储蓄法获得的收益的影响因素包括本金、利率（R）和时间（n）。本金越多、利率越高或时间越长，储蓄回报就越大。

其实，复利储蓄法和个人成长一样，简单的事情重复做，重复的事情认真做；尽早开始，努力行动，坚持长期主义，就能收获复利的丰厚回报。

利率导向储蓄法

很多人有一种惯性思维，认为存钱的时间越长，利息就越高。实际上，现在三年定期存款和五年定期存款的银行利率基本相同。所以我们在存钱时，还要通过利率来选择储蓄方式。

（1）三年定期存款和五年定期存款的利率相差不大时，建议选择三年期存款，因为它的存款流动性更好，储蓄的收益也没有受到影响。

（2）存钱时，要学会根据宏观经济情况来推测国家的货币政策，从而选择合适的储蓄方式。

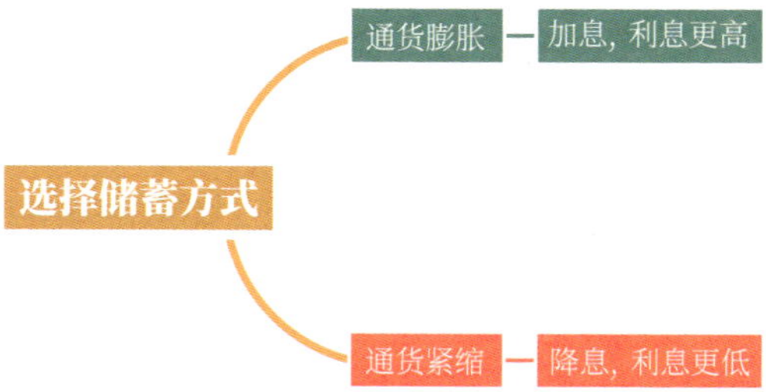

选择储蓄方式

在通货膨胀的情况下，一个国家或地区的中央银行会加息。这时，储户可以选择较短期储蓄，等待加息后，再把本息取出进行新利率下的存款。

在通货紧缩的情况下，一个国家或地区的中央银行会降息。这时，储户可以提前选择较长期储蓄，以保证利息不受降息的影响。

储蓄绝不是一劳永逸的事，想要在同样的本金条件下获得更多收益，就需要对储蓄有更深入的认识。任何理财方式都是如此。

当你总觉得钱不够用、没钱储蓄时，把这个公式贴在手机上反复学习。

支出=收入-储蓄

银行理财产品

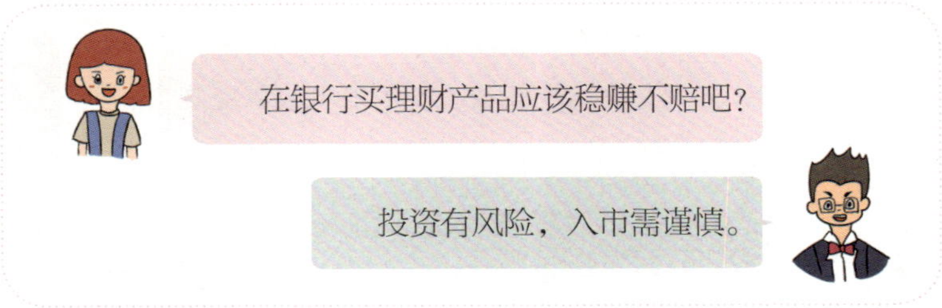

银行理财产品分为银行自营和代销两类。

银行自营理财产品，由银行对本金和收益负责，与储蓄相比，银行自营理财产品的收益更高，但具有一定的门槛，一般为1万～5万元起售。与个人储蓄相比，购买银行理财产品类似于普通人集资委托银行进行投资，投资品种是个人无法参与的项目，获得的报酬相对较高。

虽然银行的理财产品风险较低，但也不是完全没有风险。如保本浮动收益型理财产品可能出现收益与储蓄差不多的情况，非保本浮动收益型理财产品则可能损失本金。

2015年国务院正式公布的《存款保险条例》规定，一旦出现金融风险，存款保险实行限额偿付，最高偿付限额为人民币50万元。这50万元为本息之和，且只赔存款不赔理财产品。

所以理财时，还需要考虑银行破产的风险，不要把钱存在同一个银行。当然，银行破产的可能性是很低的。

银行代销的产品的最终盈亏风险不由银行负责，尤其是部分违规操作的理财产品，即“飞单”产品。

小课堂

“飞单”是指银行、证券公司等金融机构的员工私自向客户销售非本单位自主发行或代销的金融产品的行为。这种金融产品通常由非正规金融机构发行，存在很大的风险隐患。

投资者在购买银行理财产品前，可以到中国理财网查询该理财产品是否为银行自营的理财产品。中国理财网的网址是：https://www.chinawealth.com.cn。

查询方法：打开中国理财网网页，输入产品登记编号或产品名称、发行机构，点击“查询”即可查询产品类型。

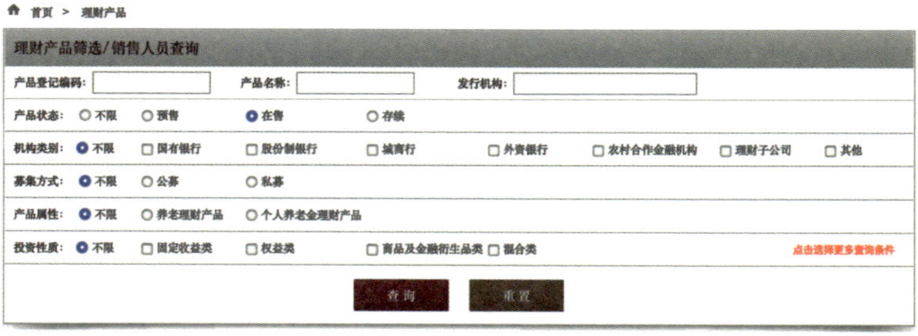

中国理财网的页面截图

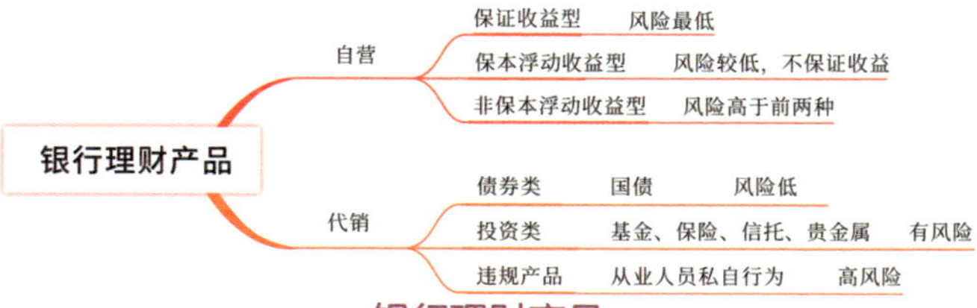

银行理财产品

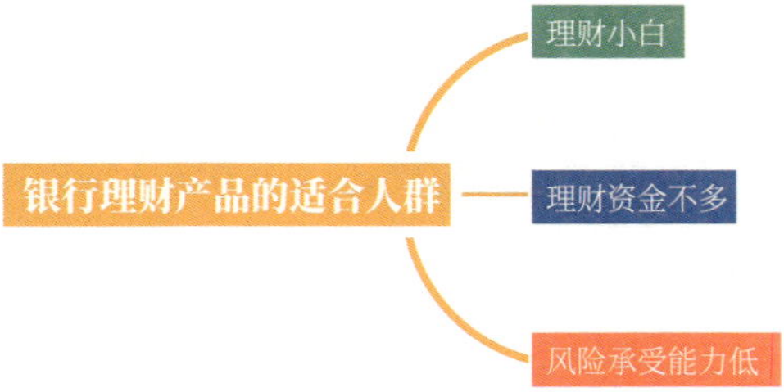

银行理财产品的适合人群

银行理财产品一般都有标注R1～R5的风险等级。当你初次购买银行理财产品时，银行会让你填写一份风险评估报告。请你认真对待，并根据自身情况选择相应风险等级的理财产品。

银行理财产品的风险等级

小黑板：让你存不了钱的心理账户

1万元工资、1万元年终奖、买彩票中了1万元……为什么大家会省着用手头上的工资，但舍得拿出一部分年终奖购买自己心仪已久的包包或游戏，买彩票中的奖会毫不犹豫地大花特花呢？它们明明在金额上没有任何区别。

2017年诺贝尔经济学奖得主理查德·塞勒用“心理账户”解释了这个有趣的现象。理查德·塞勒认为，人除了钱包这种实际账户外，头脑里还存在另一种心理账户，人们会把在现实中客观等价的支出或收益在心理上划分到不同的账户中。不同的心理账户有不同的记账方式和心理运算规则。

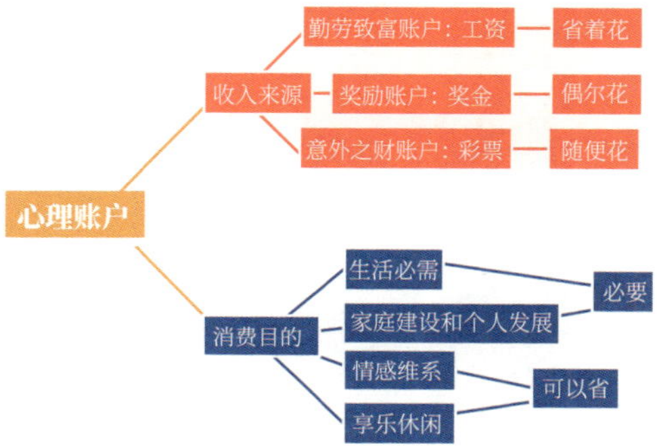

心理账户的收入来源和消费目的

倘若我们不了解心理账户，就会陷入消费主义的“陷阱”，因此要善用心理账户，这样才能让我们更理性地消费，成为理财高手。例如，在收支上，可以主动开设四个心理账户：生活必需账户、家庭建设账户、娱乐休闲账户、储蓄积累账户。在每一笔钱到账时，都把储蓄积累账户考虑进去，而不要仅仅把钱大方地放入娱乐休闲账户中。

生活必需账户

家庭建设账户

娱乐休闲账户

储蓄积累账户

四个心理账户

小测试：你为什么存不下钱

你驾驶着一辆车，正要翻过一个山头，你觉得会有什么风景映入你的眼帘呢？

A.大山　B.村庄　C.小湖　D.梯田

教你聪明存钱的纪录片

《聪明生活经济学》：讲述低收入月光族、稳定收入但负债累累的普通人、收入很高但职业生涯很短的运动员、丈夫失业靠妻子挣钱的四类人如何存钱的故事。

《致富之道》：喜剧名嘴凯瑟琳·赖恩前往世界各地寻找白手起家的富一代，带我们了解他们成功背后的秘密，以及他们对金钱、成功、事业的态度。

小测试答案

选择A：过于虚荣。在你的观念里，赚多少钱就要花多少钱，每次挣的钱都会很快被你挥霍完。

建议：摒弃虚荣和浪费。

选择B：没有计划。对钱很不在意，经常弄丢钱包，借给别人的钱也常常会忘记。总是等到要应急时，才想起要存钱。

建议：做好理财计划。

选择C：喜欢玩乐。不知道如何运用钱，也不懂储蓄之道，花钱大手大脚，经济状况越来越窘迫。

建议：改掉坏习惯，努力工作。

选择D：过于算计，是个懂节俭的人，但经常在不知不觉中花掉一些不该花的钱。

建议：对自己大方一点，不要因为省小钱而丢大钱。

本章小结

这一章的信息量很大，看完这一章，请你试着算一算：

（1）了解当地大银行的活期存款利率和定期存款利率，分别计算你手中的本金存1年、3年、5年的利息收益。

（2）了解各大银行理财产品的种类和收益，尤其注意投资去向，根据年化收益率计算实际收益区间。

（3）了解购买理财产品的整个流程，根据流程计算一款理财产品的实际收益率。

实际收益率=（投资收益－投资成本）÷投资成本×100%

第六章

不容易亏钱的理财方式——基金

如果你是一个长线投资者，那么时间最终会站在你这一边。

——彼得 · 林奇

不能不知道的基金常识

基金和股票哪个赚钱更快？

你知道基金和股票是怎么赚钱的吗？

中国证券业协会的数据显示，截至2023年，我国有2亿多股民，7亿多基民，这说明基金比股票更有群众基础。

投资领域讲的基金，专指投资基金，通俗地说，就是专门的理财代练。我们把钱交给基金公司，由特定的基金经理去帮我们买股票、债券等，基金公司和基金经理从中赚取劳务费。

不过，我们能买得到的都是公募基金，我们经常听说的私募基金跟普通基民没有任何关系。

基金分类

按照不同的分类标准，基金可以分为不同的类别。按照投资对象来分，可分为货币基金、股票型基金、债券基金、混合基金和指数型基金；按照运作模式来分，可分为开放式基金和封闭式基金；按照投资渠道来分，可分为场内基金和场外基金。

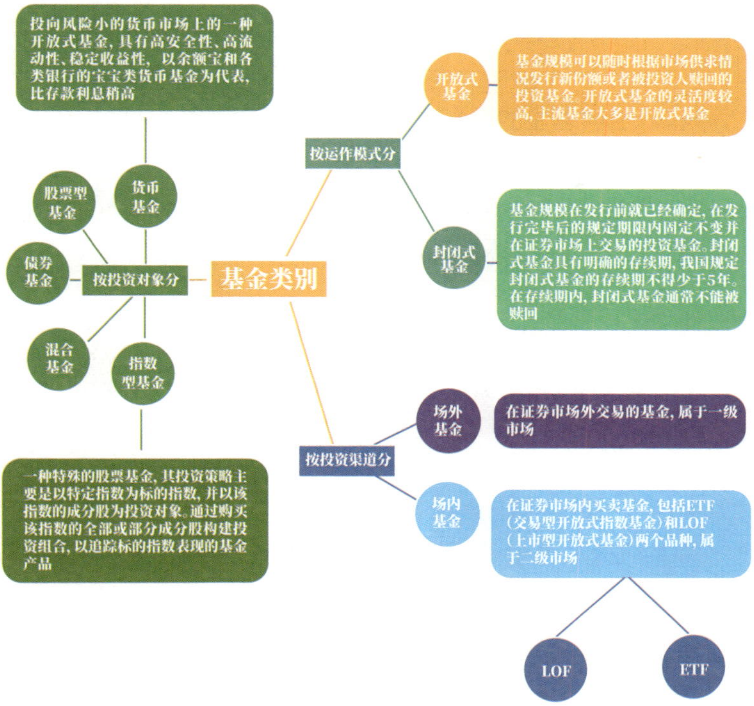

基民在选基金时要明确投资目标，比如想要实现投资收益高的目标，可以选择股票型基金；想要实现投资回报稳定的目标，可以选择债券基金。

基金投资的优势

（1）基金经理更懂得投资，知道如何控制风险，能选择更有前景的投资标的，他们能投资普通人不能涉足的领域。基金的投资战略由基金管理团队根据市场调研分析得来，更具专业性。基金管理团队能够去上市公司进行实地调研，对公司的基本面有更深入的了解。

（2）各类基金的投资门槛较低，其中，货币基金的投资门槛最低。大多数货币基金的起购金额是100元，部分基金无门槛，宝宝类货币基金、股票型基金、债券基金的起购金额在1 000～5 000元不等。基金定投，申购的起购金额为100～300元。

小课堂

宝宝类货币基金是指余额宝、盈利宝等场外货币基金。因其名称中有一个“宝”字，并且能让投资者享受到之前不曾享受过的福利，因此被投资者称为宝宝类货币基金。

除此之外，基金的手续费便宜，有时在第三方平台购买基金，还有折扣。

（3）证监会对基金实行严格监管，强制性要求基金进行充分的信息披露，对各种有损投资者利益的违法违规行为进行严厉打击。

根据《中华人民共和国证券投资基金法》的规定，基金资产的保管与操作是分开的，基金资产并不由基金管理人保管，而是由独立于基金管理人的基金托管方负责保管。所以，投资人不必担心基金公司卷款跑路。

（4）以收益高、风险高的股票型基金为例，个人投资者通常持有3只以内的股票，但股票型基金持仓通常在10只左右，抵御偶发性风险的能力强于个人投资者。

以10只银行股、相同资金配置的情况来计算，如果大盘银行股跌5%，基金公司因为持仓多只银行股，风险抵抗能力强，所以跌幅在5%左右，与大盘的跌幅大概一致，即基金投资者的跌幅在5%左右。而个人投资者往往集中投资一两只银行股，风险抵抗能力弱，往往亏损大幅超过5%，亏损额远超于基金投资者。

基金投资的优势

基金的投资风险

1. 基金管理团队水平“菜”

在基金投资中，“菜经理”的梗已经被大家玩坏了。有人做过统计，大部分股票型基金的收益曲线和大盘走势非常相似，有一部分收益甚至不如一些投资者自身的理财收益。

基金公司的核心竞争力是投研能力，培养这种能力没有捷径可走，必须经过市场长期的磨炼，才能打造出一支高素质的投研团队。这个过程可能需要5年甚至更长的时间，投资者如果发现基金经理的从业经历连5年都没有，就需要谨慎了。

2. 收益的上限不高

基金的资金量大，基金经理会选择多只股票分散风险。正是这样稳健的操作，导致基金的收益上限不高，如果追求更高的收益，可以选择股票。

看懂基金名词

净值：一般是指单位净值，是固定资产原始价值或重置完全价值减去累计折旧额后的余额。

基金单位净值=基金总净资产÷基金总份额

累计净值：基金从成立以来所取得的累计收益。净申购：当日或者统计的时间段内，该基金的申购金额和赎回金额之差为正，也就是总的买入多于总的卖出。

净申购金额=申购金额÷（1+申购费率）

申购费用=申购金额-净申购金额

投资基金亏钱的三个坑

哪种基金最容易亏钱？

投资基金不是当甩手掌柜，自己不做研究、无脑跟投最容易亏钱。

第一个坑：迷信基金经理

某一年养“基”热，一名基金经理以高业绩成为新基民追捧的热门基金经理，他管理的基金几乎被买空。但是到了第二年，这名基金经理的业绩几乎垫底。

明星基金经理时常易主，这说明一件事——基金界风水轮流转，没有谁是常胜将军。

2022年主动权益类基金业绩十强

序号	证券代码	证券简称	基金类型	成立时间	基金经理	年内回报/%	截至三季度末规模/亿元
1	519212.OF	万家宏观择时多策略	灵活配置型	2017-03-30	黄海	48.56	18.22
2	519191.OF	万家新利	灵活配置型	2015-05-19	黄海	43.66	10.07
3	004685.OF	金元顺安元启	灵活配置型	2017-11-14	缪玮彬	35.60	15.28
4	519185.OF	万家精选A	偏股混合型	2009-05-18	黄海	35.51	10.32
5	001678.OF	英大国企改革主题	普通股票型	2018-11-22	张媛、汤戈	31.50	1.55
6	001437.OF	易方达瑞享I	灵活配置型	2015-06-26	武阳	21.72	4.27
7	000398.OF	华富灵活配置	灵活配置型	2014-08-07	李孝华	20.56	0.12
8	519198.OF	万家颐和A	灵活配置型	2016-06-23	章恒	20.44	9.72
9	010761.OF	华商甄选回报A	偏股混合型	2021-01-19	周海栋	20.10	27.53
10	002049.OF	融通新机遇	灵活配置型	2015-11-17	余志勇、刘明	18.35	0.12

数据来源：Wind。

2021年主动权益类基金业绩十强

序号	证券代码	证券简称	基金类型	成立时间	基金经理	年内回报/%	截至三季度末规模/亿元
1	005669.OF	前海开源公用事业	普通股票型	2018-03-23	崔宸龙	119.42	166.29
2	000689.OF	前海开源新经济A	灵活配置型	2014-08-20	崔宸龙	109.36	65.74
3	001487.OF	宝盈优势产业A	灵活配置型	2015-08-25	肖肖、陈金伟	100.52	27.06
4	002258.OF	大成国企改革	灵活配置型	2017-09-21	韩创	94.76	16.92
5	002943.OF	广发多因多	灵活配置型	2016-12-30	唐晓斌、杨冬	89.03	138.37
6	090018.OF	大成新锐产业	偏股混合型	2012-03-20	韩创	88.25	130.97
7	001300.OF	大成睿景A	灵活配置型	2015-05-26	韩创	84.19	53.39
8	003567.OF	华夏行业景气	偏股混合型	2017-02-04	钟帅	84.11	72.57
9	519702.OF	交银趋势优先A	偏股混合型	2010-12-22	杨金金	81.45	78.90
10	002296.OF	长城行业轮动A	灵活配置型	2016-01-12	杨宇	80.99	32.84

数据来源：Wind。

投资基金必须考虑市场风险。此类风险取决于所投资的标的，比如股票型基金的市场风险要大于债券基金。

不要以为基金投资和储蓄一样，只需把钱交给基金公司，然后什么都不用做、坐等收钱就可以了，实际情况绝非如此简单。

第二个坑：忽略流动性风险

假如钱多多用自己的所有本金买了一只开放式基金。突然有一天，钱多多急需拿出100万元救急，但这只基金每天的交易额只有5万元，她要拿到100万元需要整整20天。如果钱多多想快速变现，很可能需要折价卖出。

如果想避开这个坑，就要选择每日成交金额较大的基金品种。

根据“不可能三角”理论，开放式基金的盈利性和流动性互斥，流动性越好，投资的盈利性就越低。还有一种情况也容易造成流动性风险。例如，市场上突然传出某只基金的负面消息，那么，购买这只基金的基民都很担心自己的资金会面临亏损的风险，于是纷纷要求赎回，这只基金也可能面临崩盘式的灭顶之灾。

因此，基民在买基金之前，要好好考察基金在流动性风险控制方面的能力，最大回撤率是衡量基金风险的常用指标之一。如果一只基金的历史最大回撤率为20%，你可以问问自己是否能承担20%的损失，如果不可以，那就别买。

第三个坑：未知价风险

买基金和炒股不同，股票的买入和卖出价格由自己设定，但基金在买入和赎回时的实时价格是未知的，有点开盲盒的意思。

一般来说，申购或者赎回基金都可以参考前一个交易日的收盘价格，才一天时间，价格不会产生大的波动。如果遇到基金爆发流动性风险，就会出现大的价格波动。

比如，牛先生买入一只基金，据传其基金经理因为参与内幕交易被有关部门逮捕了，于是，大量投资者选择赎回，导致基金价格暴跌。尽管这种传闻最后被证实为谣言，但之前投资者大量赎回，造成这只基金不得不卖出一些持有的股票来进行兑付，因此，严重影响了基金的业绩，牛先生也从赚钱变成无端端的亏钱。

两种不亏钱的基金购买技巧

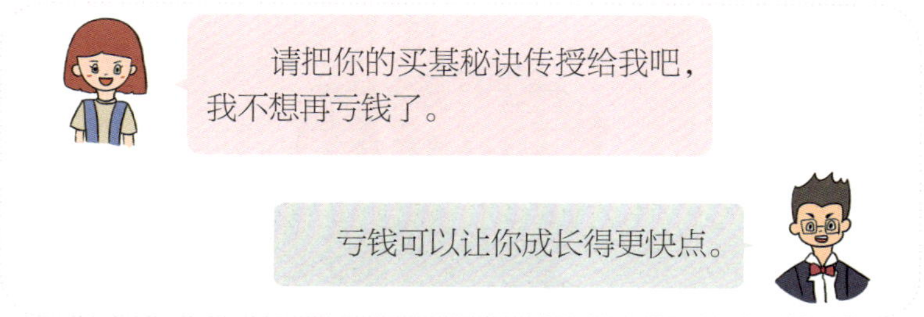

普通人买基金，先牢记两点：

（1）只用闲钱理财；

（2）在正规渠道购买。

理财小白想要买基金，可以学习老基民都在用的安全买基法：金字塔式投资法和基金定投法。

金字塔式投资法

金字塔式投资法是一种安全仓位管理法，最早由有着“华尔街投机之王”称号的杰西·利弗莫尔提出，这种方法适用于基金和股票投资。

金字塔式投资法分为正金字塔型买入法和倒金字塔型卖出法两种。

正金字塔型买入法：正金字塔型的下方基底较宽且愈往上愈窄，宽广的部分显示股价在低位时，买进数量应较大，当股价逐渐上升时，买进的数量应逐渐减少，从而降低投资风险。简单来说，就是在市场下跌时分阶段买入。

正金字塔型买入法的优点：可以在股价低的时候买得更多，虽然没有一次性全仓的收益高，但能降低股价下跌时的风险。

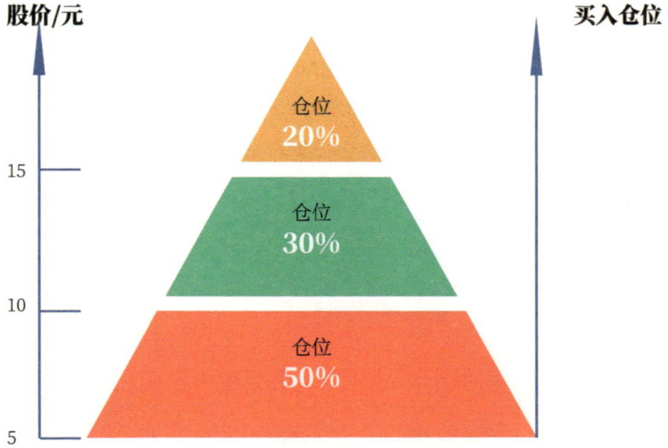

正金字塔型买入法演示（仓位仅作参考）

倒金字塔上宽下窄，倒金字塔型卖出法与正金字塔型买入法正相反。倒金字塔型卖出法提出，当股价不断升高时，卖出的数量应效仿倒三角形的形状而逐渐扩大，以赚取更多的差价收益。简单来说，就是越涨越卖。

倒金字塔型卖出法的优点：在一定程度上保护利润空间。这种方法尤其适合市场行情没那么好时参考。

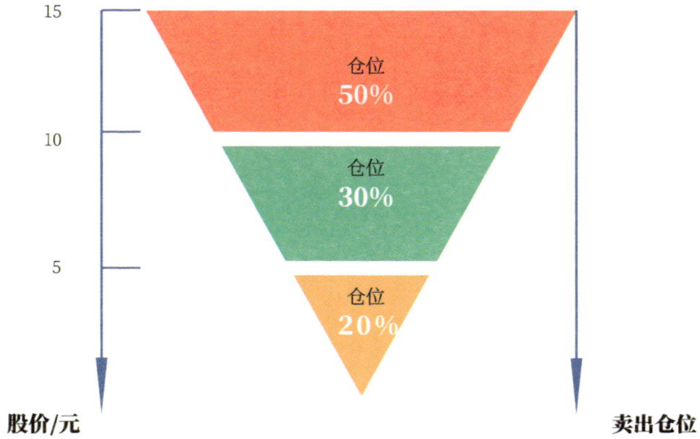

倒金字塔型卖出法演示（仓位仅作参考）

基金定投法

基金定投就是在固定的时间以固定的金额买入固定的基金。基金定投法被称为“懒人神器”，适合平时工作忙碌、没时间理财的忙人和不想在理财上花费太多时间和精力的“懒人”使用。

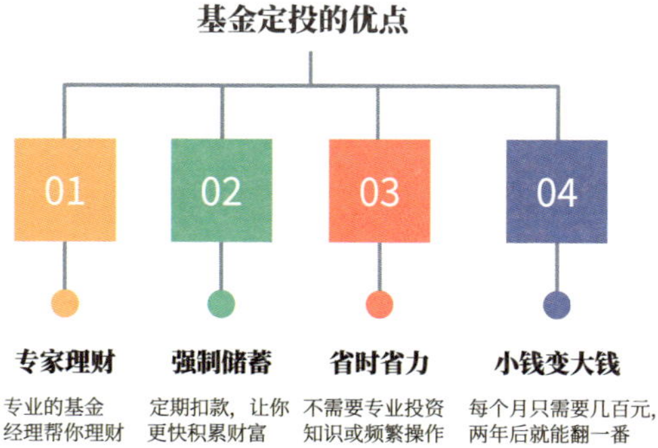

基金定投的优点

这不就是零存整取吗？

基金定投与零存整取的投资方式类似，但收益比零存整取高多了。

钱多多示范：

钱多多以每月1 500元进行多次基金定投，前三次定投时，基金净值（基金单价）分别为1.5元、1元、0.5元。

根据上述信息，可以列出钱多多的买入清单：买入份额=买入金额/净值。

第一次买入份额：1 500÷1.5=1 000（元）。

第二次买入份额：1 500÷1=1 500（元）。

第三次买入份额：1 500÷0.5=3 000（元）。

钱多多的基金定投清单

次数/次	金额/元	净值/元	份额/份
1	1 500	1.5	1 000
2	1 500	1	1 500
3	1 500	0.5	3 000
合计	4 500	—	5 500

由此可知，钱多多总共投资4 500元，累计份额数为5 500份，则前三次定投的平均成本为：4 500÷5 500≈0.82（元）。

因此，只要基金净值超过0.82元，钱多多就开始赚钱啦！这就是成本平均的意义。

投资基金的风险比股票小，因为基金本身就采用分散投资的策略。长期坚持基金定投，即使在基金下跌时，也能减少风险，迎来胜利的曙光。

很多人都听过巴菲特的一句名言："通过定期投资指数型基金，一个什么都不懂的业余投资者往往能够战胜大部分专业投资者。"

小课堂

基金定投微笑曲线是指在一只基金先下跌再回升的过程中，投资者在基金下跌的过程中不断地定投，由于下跌时，同样的本金买入的份额变多了，当基金的净值回升到原点时，投资者实现盈利。在这个过程中，定投的成本价用曲线连接起来，形状像人的微笑，因此叫作基金定投微笑曲线。

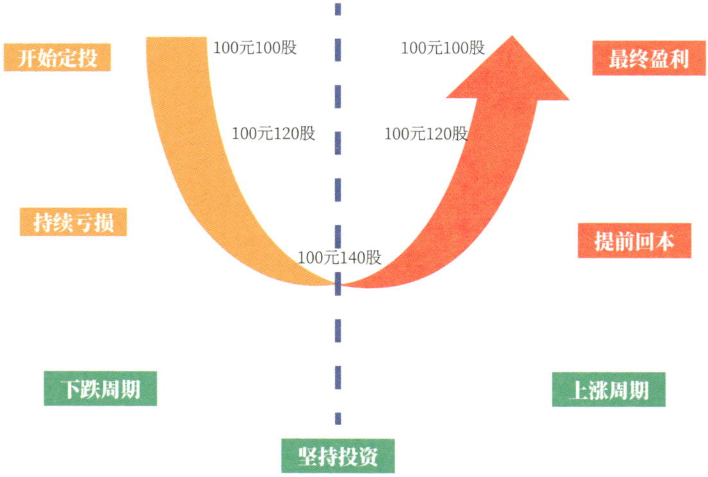

基金定投微笑曲线

不过，我国和美国的指数型基金存在差异，巴菲特说的这句话也只是强调多元分散投资的重要性。基民在进行基金定投时，可以将指数型基金和债券基金、股票型基金、混合基金等搭配购买。

四种正规的基金购买渠道

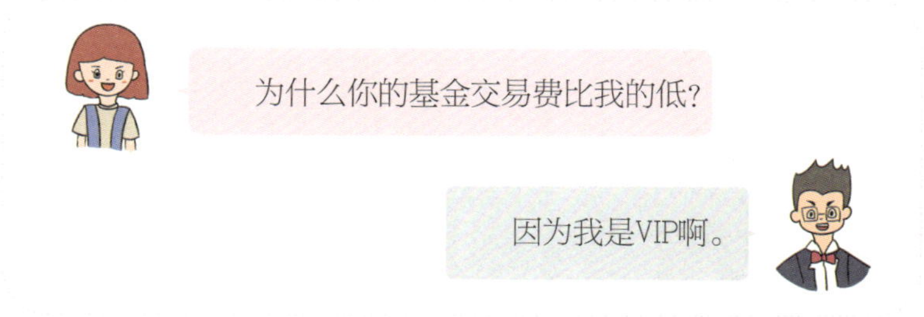

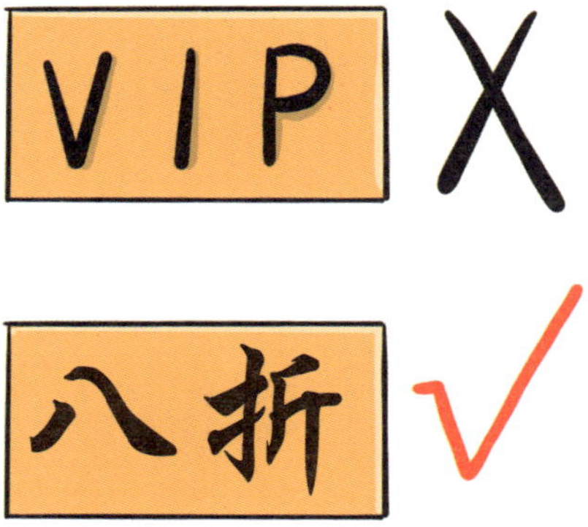

说了这么多，像钱多多这样的理财小白应该在哪儿买基金呢？目前有四种正规的基金购买渠道。

1. 基金公司

目前，国内有许多基金公司，比如易方达基金管理有限公司、华泰柏瑞基金管理有限公司等，基民可以直接在这些基金公司的官网或手机App上购买基金。

优点：

没有中间商赚差价，申购费[①]低，有的新基金甚至不收申购费。

不同基金之间可以进行转换，转换时不产生二次申购费。

缺点：

基民一旦购买了一家基金公司的基金，之后就只能购买这家基金公司的基金。

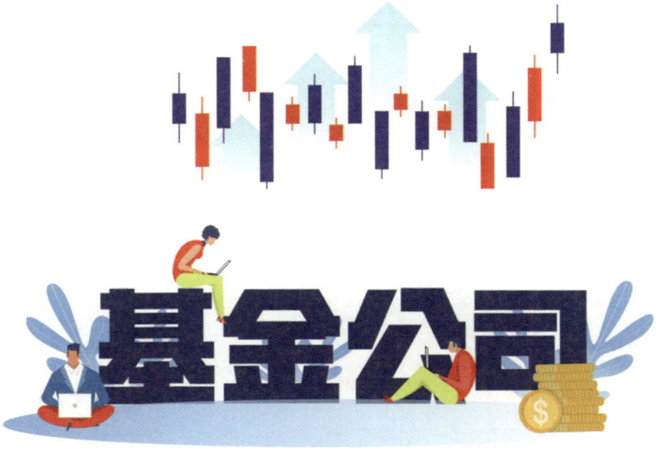

① 申购费是指投资者在基金存续期间向基金管理人购买基金份额时所支付的手续费。这是对基金公司销售基金成本的补偿。

2. 银行

基民可以在银行的线下网点、官方网站、手机银行App上购买基金。

优点：

购买方便，有银行专业理财人员提供指导。安全性最高。

缺点：

申购费是几个基金购买渠道里最高的，基本不打折；可申购品种有限；不同银行代销的基金种类有限，可选择的种类比较少。

3. 证券公司

在证券公司同样能购买基金，如果投资者本身有股票账户，也能用股票账户购买基金。

优点：

有专业人员提供服务，专业性一般强过银行。与银行相比，证券公司的申购费更低，申购周期、赎回周期比银行短。可以在二级市场购买场内基金，比如ETF、LOF等。

缺点：

证券公司本质上是代销，仍存在基金种类不全的问题。

4. 第三方平台

可以在支付宝、微信、天天基金等第三方平台购买基金。这些平台里的基金琳琅满目，操作方法相对简单，适合社恐人士购买。

优点：

可供选择的基金种类很多，除了一些小众基金，几乎所有基金都能在第三方平台买到，基金种类是几个购买渠道里最齐全的。交易费经常打折，可以降低投资者的投资成本。

缺点：

赎回的到账时间需要一周左右，流动性没有其他渠道好。对理财者自身的要求比较高，理财者需要有一定的理财知识储备。

五步法搞定基金投资

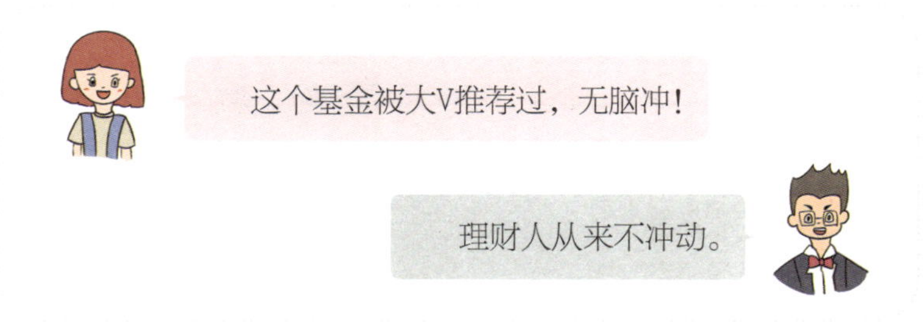

买基金之前，请先保持冷静，不能把钱当成纸，它可是你的生财工具。

搞懂了基金的基本知识，请你试着按照这五步法进入基金投资的实战。

第一步，投多少。

买基金的第一步，先翻一翻钱包，看看有多少钱，再计划投多少钱以及确定你所期待的投资收益率是多少。具体操作可以参考前文讲过的方法。

第二步，投多久。

以基金定投为例，基金最适合长期持有。如果频繁买卖，就会增加交易费，导致成本过高，甚至会损失本金。

基民可以在网上找一款“理财测算器”或“基金定投测算器”，在页面输入计划投资的金额、投资时间、投资回报率，就能得出这只基金的收益。

第三步，投什么。

市场上有各种类型的基金，究竟是买一只还是买好多只？

是买货币基金还是指数型基金，买债券基金还是股票型基金？

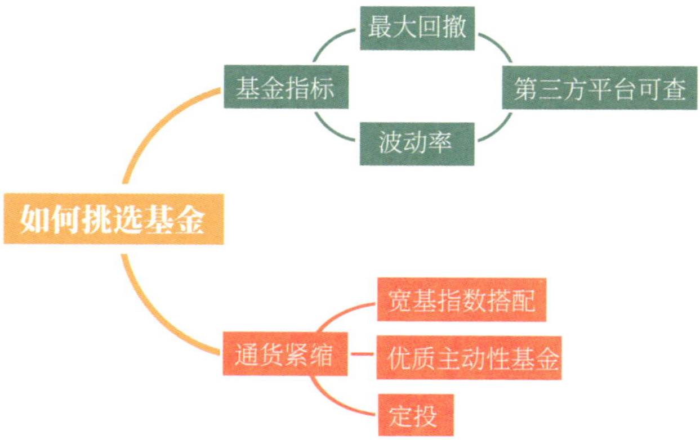

挑选基金的方式

波动率：基金投资回报率的波动程度。波动率越大，代表这只基金未来净值变动的程度越大，投资风险就越高。

比如，一只基金的波动率是10%，这代表着未来它可能涨10%，也可能跌10%。

如果一只基金近一年来的收益率很高，但波动率很大，那么，这只基金能取得高收益有可能只是因为运气好。如果这只基金的收益率高但波动小，那么，就代表它真的很优秀。

基民想要了解基金评级指标可以在第三方平台查找，比如天天基金网和晨星网。

如果选择投资组合就要综合考虑自己的理财经验、风险承受能力和预期收益。

第四步，怎么投。

把前三步做好之后，什么时候买入呢？基金建仓和股票建仓一样，是一门大学问。

如果是基金定投，就没有那么麻烦，因为都是分批买入，由于基金净值的变化，每次购买的基金份额不同，所以什么时候进场都可以。

如果把资金一次性投入市场， 进场的时间点就非常关键了。除了金字塔式投资法，常见的判断基金买入参考点的方法有四种：看点位、看估值、看收益率、看市场趋势。

看点位。越低点位，买入的风险就越小，这种方法比较适合购买宽基指数基金时参考。

如果是购买行业类基金，可以搜索对应的行业指数。比较简单的方法是利用基金App，比如天天基金App，找到对应的基金，直接看该基金的持仓。

看估值。一般参考的是市盈率或市净率，它也适用于宽基指数基金。查看基金的估值同样用基金App，比如天天基金App，里面有估值榜单一项。如果基金的估值低于35%，可以视为低估区。并非估值低的基金就值得买入，还要看行业。

看收益率。被爆炒过的基金记得不要接盘；如果市场行情不好，基金也会出现“跌跌不休”的情况，建议先建底仓或等到企稳后再建仓。

如果基金近3～5年的收益率不错，但是近期的收益不好，那么可以考虑低位买入，等待基金上涨。

看市场趋势。参考十年期国债收益率，可以对市场趋势做出简单的判断。当市场行情好时，股票型基金和混合基金的表现会更好；反之，则债券基金和货币基金的回撤率相对较低。当国债的收益率上升时，可以加大对债券基金的投资力度。

第五步，怎么卖。

“会买的是徒弟，会卖的是师父。”无论选择哪种基金投资方式，会看止盈点很重要。对于基金定投而言，投资收入不一定和投资市场行情成正比。到了后期，资金量越大，下跌时的损失就越大，所以该卖出时就要毫不留情地卖出。

因此，投资者在购买前可以设定预期收益率，一旦达到，就可以逐步卖出，落袋为安。

虽然基金定投适合懒人，但千万不要懒得卖出。基金定投的法则是止盈不止损，如果购买的基金亏损了，就把理财App删掉、网线拔掉，等待牛市的来临，然后分批卖出。

小黑板：为什么买基金要挑选基金经理

如果你买的不是指数型基金，那么基金经理就是你的财富管家。这个管家优秀与否，直接决定着你在未来是喝粥还是吃大餐。

基金经理的个人能力非常重要，可以从从业经历和业绩两个方面来判断基金经理的个人能力。

判断基金经理的个人能力

项目	优秀的标准	是否具备
从业经历	5年以上	
业绩	大部分时间都能跑赢偏股基金指数	

除了挑选优秀的基金经理，选择一家优秀的基金公司也非常重要。判定为优秀的基金公司的主要指标是：从业时间较长、口碑好、业绩优、研究团队好。

小测试：你采取的是哪种理财方式

I人：

自我设定明确且可量化的目标；

根据事实理性分析并做出决策，保持冷静，不靠直觉投资；

制订适合自己的投资计划。

E人：

在市场波动时会避险观望，不轻易离场；

坦然接受市场的不确定性，坚持长期投资；

愿意听取意见，做到资产配置多元化，化解单一资产风险。

开始投资前，I人和E人在想什么

本章小结

这一章的信息量很大，看完这一章，请你试着做一做。

（1）了解基金的种类，了解它们分别有什么特点。

（2）深入理解基金定投、主动式管理基金、指数型基金的含义。

（3）选择一个基金交易平台。

（4）制订一份基金投资计划。

（5）选定几只基金，分析它们是否值得购买。

（6）制定一个基金投资组合策略。

第七章

高风险、高收益的理财方式——股票

不是你控制钱，就是钱控制你。

——哈维 · 艾克

不能不知道的股票常识

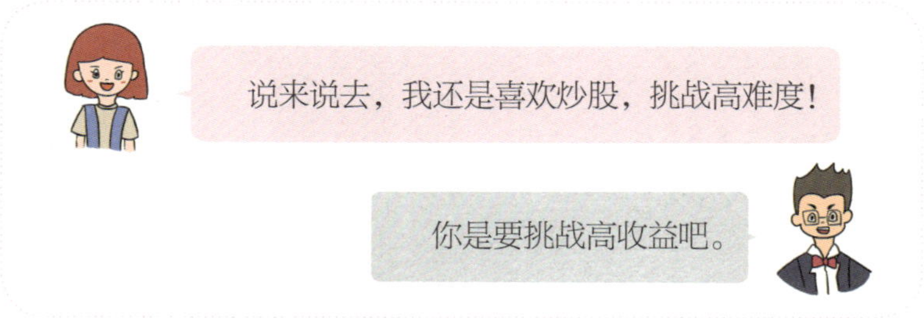

股票是很多人的首选，也是很多人的噩梦。在所有理财方式中，股票以高风险、高收益著称。牛先生正是凭借炒股一战成名，成为公司公认的“股神”。

股票的三大优势

投资收益率高。股票是金融投资领域中盈利较高的投资品种之一。有的上市公司在盈利后，还会按投资者手中股票份额的一定比例支付给投资者分红。长期持有分红丰厚的优质股票，也是股票投资赚钱的方式之一。

流动性好。在A股市场上，股票的流动性很强，投资者有闲散资金可以随时买入，需要资金时又可以随时卖出。这样做既有利于增强资产的流动性，又有利于提高收益水平。

可操作性强。股票交易操作简单，无论是职业股民还是非职业股民，都有一套适合自己的炒股方式。股票对本金的要求不高，几千元到几万元都可以购买。本金小的时候，虽然赚得有限，但可以先积累经验。

买对一只股票，会给你带来丰厚的回报。有这么一只股票，2015年9月18日的股价是132.38元，到了2020年11月12日，股价涨到1 828.00元，5年时间上涨了10多倍，猜猜这是哪只“逆天神股”？

股票的三大劣势

股价波动剧烈。根据“不可能三角”理论，股票具有高收益性和高流动性，其风险也比基金等理财方式的风险高。股票投资最大的特点是股价波动剧烈，遇到重大利好或重大利空，股价涨停或跌停是常有的事。但这都不是最可怕的，买的股票爆雷甚至退市才是最可怕的。

股票有风险
入市需谨慎

对投资新手来说，只要不加杠杆、不遭遇退市，本金就不会亏完。相较于期货或外汇，股票亏掉本金的可能性要小得多。

投机性较强。很多投资者把股市当作一个投机市场，以短线交易为主。很多投机者根本不关心大的经济形势和上市公司的经营状况，只是无脑跟随大V或者身边朋友的推荐，这种抱着“只赢不输”的心理进入股市的投机者被“割韭菜”的概率很大。

需要一定的投资能力。股票市场看似没有门槛，只要开通一个账户、存入一定的资金就可以进行买卖操作了，但如果想要通过股票交易实现长期稳定盈利，就需要足够的投资能力和认知水平了。虽然学习股票知识需要一些时间，但当你有了很强的投资能力和深刻的认知，将会终身受益。

大部分投资者沉迷于股票短期带来的收益，不注重自身学习，还有一部分投资者误入歧途，向一些自身并不炒股的所谓“股评家”学习炒股知识，结果往往是得不偿失。

股票常识

- 市场
  - 一级市场：公司直接或通过中介机构向投资者出售发行股票，散户买不了
  - 二级市场：股票交易市场，投资者之间买卖已发行股票的市场，散户实战天地
- 股票种类
  - A股：投资者以人民币认购和交易的普通股票
  - B股：在中国（不含港澳台）注册上市的特种股票，只能以外币认购和交易
  - H股：在中国内地注册，在香港上市的股票
  - S股
    - 在中国生产或经营核心业务、在新加坡上市挂牌的企业股
    - 尚未完成股权分置改革的公司股票
  - N股
    - 在中国大陆注册、在纽约证交所上市的外资股票
    - 在中国股市中，当日新上市的股票
- 股市层级
  - 主板：沪市（股票代码以600、601、603、605开头）深市（股票代码以000、001、002开头）
  - 创业板：股票代码以300开头，创业板交易有门槛
  - 科创板：股票代码以688开头，与创业板有类似的交易门槛
  - 新三板：股票代码以400、430、830开头，准上市公司股票
- 股票分类
  - 大盘股：总股本在10亿股以上，总市值超过200亿元
  - 中盘股：总股本在2亿~10亿股，总市值在100亿~200亿元之间
  - 小盘股：总股本在2亿股以下，总市值100亿元以下
- 股票行话
  - 白马股：长期绩优、回报率高且具有较高投资价值的股票
  - 龙头股：某一时期在股票市场的炒作中，对同行业板块的其他股票具有影响和号召力的股票
  - 权重股
    - 流通股多，市值大的股票
    - 在某指数中市值排名靠前的股票
  - 蓝筹股：长期稳定增长的、大型的传统工业股及金融股
  - ST股：连续两年经营亏损，被实施退市风险警示的股票

股票常识

优秀炒股人需具备的四个特质

为什么大多数人炒股都是亏钱多、赚钱少？

股市有句俗话："七亏二平一赚。"要做一个有"素质"的人，才能在股市赚钱。

小课堂

"七亏二平一赚"，投资术语，是指在股市中，约70%的投资者是亏损的，20%的投资者能盈亏持平，只有10%的投资者能真正赚钱。

热爱赚钱

对喜欢“钱”这件事不要感到害羞。如果不是渴望赚钱，没人会选择风险较高的炒股。进入股市一定要抱着赚钱的心态，不要跌了1元钱心里就慌，追涨杀跌，最后灰溜溜地离场。

有足够的耐心

股市交易需要等待时机，毕竟机会不是每时每刻都有。机会没来的时候，不要过分焦虑或者过早入场；机会来了，耐心持有，不要因为一点波动而被“震”出局。

很多投资者在一只股票上没赚到什么钱，最大的原因是没有耐心。特别是在股票上涨初期，经历了漫长的筑底过程，股价在底部来回震荡，会让投资者多次经历浮盈和浮亏，这种情况确实考验人的耐心。无论是大盘还是个股，都有自己的运行周期，这个周期不是1天、1个月或1年，一般是6～12年。

一个大级别的上涨周期，最终的涨幅可能会达到10倍以上。只有耐得住寂寞，才能守得云开见月明。

独立思考

想要在股票市场实现长期稳定盈利，就要学会独立思考。因为任何一名投资者都会犯错误，即使是大名鼎鼎的“股神”巴菲特，也有一些让他懊恼不已的失败交易。真正能够在股市赚钱甚至致富的人，往往敢于做别人不敢做的决定并一直贯彻执行。

股票市场有非常多的声音，仅仅微博上的投资大V或股评家就有几千个，如果没有自己独立的判断，很容易被他们的声音影响。如果无脑跟随听从他们去投资，最后亏损的概率非常大。因此，投资者要本着对自己账户负责的态度，在买卖前一定要有自己的独立判断，每一笔盈亏都从自身找原因。只有这样，才能做到无论盈亏都不后悔。

有认错的勇气

投资大师江恩在他撰写的《江恩股市定律》一书中写道：“为了获取（股票投资）经验，我曾经有40次身无分文，可我从未失去勇气。”江恩把自己40次的亏损说得云淡风轻，然而正是一次次在亏损中总结经验教训，让他最终在股市赚到了钱。

为什么大多数人炒股都会亏钱？一是因为没有经验，二是因为犹豫不决，三是因为缺乏失败后拿出勇气复盘、找到出错的原因而不断精进自己的精神。炒股要向前看，不要躺在过去的成绩中骄傲自满，也不要因为一次失败而一蹶不振。

心态平和

有人戏称中国股民是心态最好的一群人——“泰山崩于前而色不变”。当年，牛先生开始炒股的时候正值牛市，全民掀起炒股热潮。牛先生买的一只股票拿到现在都没解套。也正是这次经历让他开始钻研炒股“绝学”。

在投资理财过程中，平和的心态非常重要。很多人在股市交易时，心态随股价的波动而变化很大，股价上涨时就飘飘然，仿佛自己是“股神”；股价下跌时就不断地自我怀疑。心态随股价变化过大不仅会影响交易时的专注度和准确性，还会让自己做出错误的决定。

有的人在投资股票时，喜欢每天看股价涨跌和账户的盈亏变化，而一些投资高手在股票投资早期可能有这种行为，但有了一定经验之后就不会这样做了。在股票市场上，群体行为大多数时候都是非理性的，只有尽量保持理性、认真分析市场的未来走向，才能成为稳定盈利的少数人。

投资股票亏钱的四个坑

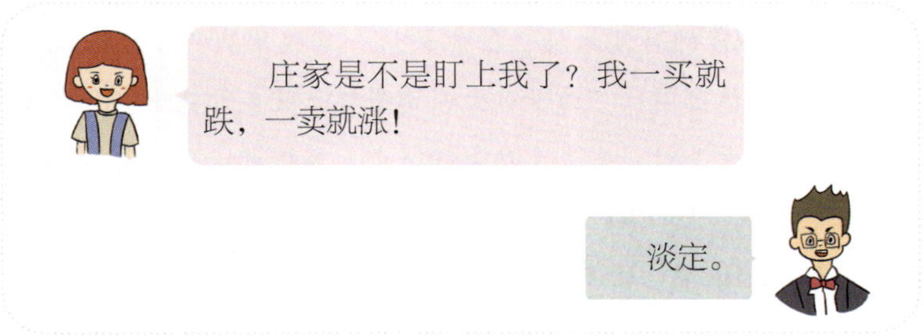

为什么大多数散户买股票总是亏钱?

巴菲特有句投资名言：“别人贪婪时，我恐惧；别人恐惧时，我贪婪。”这句话很好地诠释了炒股的特点——反人性。

因此，投资者在投资理财时要保持理性，很多时候就是在和人性做斗争，和自己的贪婪、恐惧心态做斗争。

股票交易要避开那些让你亏钱的坑，理财小白在投资过程中容易踩的坑主要有四个：迷恋牛市、盲目追涨杀跌、交易过于频繁和不注意仓位控制。

理财小白在投资过程中容易踩的坑

第一个坑：迷恋牛市

即便遇到牛市，也要明白一个道理：牛市≠赚钱。

> **老杨的故事**
>
> 老杨在牛市的时候入场，但他买的一只股票从买了之后就一直下跌。老杨很郁闷："为什么大家都赚钱，就我亏钱啊！"在大盘接近5000点大关时，牛先生劝老杨减仓。老杨说："先看看吧，如果继续大跌，就止损；如果行情走好，还可以再观望一下。"
>
> 结果这一观望，股票反而涨了，老杨的股票在一年后成功解套，一路猛涨。老杨为了多赚点，还把银行的存款提前支取出来加仓。
>
> 过了一个月，大盘一路狂跌，老杨的资金从最开始的15万元跌到仅剩7万元。其间，大盘也有过反弹，老杨总幻想还能涨回15万元，但到最后跌到只剩下5万元。

牛市未必能赚钱，熊市未必会亏钱。散户总认为牛市就是捡钱，所以即使被套也不怕，有的散户甚至在高位时加仓。在股市，如何止损也是股民要上的关键一课。

第二个坑：盲目追涨杀跌

股票一涨就冲进去，一跌就恐慌，恨不得立刻卖了跑路，这是典型的新手操作思维——"韭菜思维"。为什么在牛市的时候开户的人多？因为无论房市还是股市，人们都担心自己没赶上赚钱的末班车。

从老杨的炒股记录可以看出，他就是典型的新手操作思维。

老杨的炒股记录

股票	买点	卖点	盈亏情况
美凯龙（601828）	23.01元（接近涨停时买入）	17.09元	亏损
西菱动力（300733）	31.11元（高开买入）	21.53元	亏损
盈趣科技（002925）	82.20元（涨停板买入）	99.22元	盈利
科顺股份（300737）	23.70元（涨停板买入）	14.96元	亏损
长沙银行（601577）	12.38元（高开买入）	8.86元	亏损

“华尔街教父”本杰明·格雷厄姆在《聪明的投资者》一书中写道：“每个人购买所谓的热门股，或做类似的购买，他就是在投机或赌博。”但没有哪个赌徒能够每次都好运！

避免盲目追涨杀跌，应建立以下四种思维：

一是建立投资纪律，设置好止盈线、止损线，收益或亏损达到止盈线或止损线就要分批逐步减仓；

二是股价在高位时不要轻易补仓，更不要追加；

三是切忌单只股票的本金越补越多，单只股票的本金越多，对整体盈亏的影响越大；

四是不要贪婪，记住保本是第一位的。

避免盲目追涨杀跌的四种思维

第三个坑：交易过于频繁

老高的故事

老高是牛先生和钱多多的同事，他被股市伤害得很深，最终告别股市。老高“金盆洗手”的原因——频繁交易。

老高曾经信奉“长线是金”，但牛市结束后，他亏光了浮盈，从此走上了频繁交易的歧路。老高说他已经形成短线交易的习惯，加上现在交易太方便，手机App就可以直接下单，再加上佣金低，导致自己管不住手，在不知不觉中，交易频次也就大幅增加了。

根据《中国证券报》2018年8月的统计，2004年12月31日至2018年8月27日，万得全A指数涨幅为381.2%（按照时长为14

年、年化收益率为11.88%计算）。这个指数统计的是所有在上海证券交易所、深圳证券交易所发售的A股股票。但是由于股市波动性大，很多散户遇到忽上忽下的震荡格局，忍不住“剁手”。很多散户经历了反复震荡、反复剁手的过程，最终被市场无情“收割”。

第四个坑：不注意仓位控制

很多人听到别人推荐一只股票，说这只股票题材好、是新兴行业，就立即“all in”——满仓，结果没过几天股票出现利空消息，股价下跌，自己的账户金额就开始刷刷地减少。

这时，看好另一只股票，想入手，结果因为前一只股票满仓、手里没钱，只能眼睁睁看着这只股票原地起飞。

很多投资新手永远只有满仓和空仓两种状态。在第六章提到过的基金仓位控制在股票里同样适用，甚至更有必要。

满仓 空仓

投资专家宾夕法尼亚大学沃顿商学院金融学教授杰里米・J.西格尔认为，投资的最高境界首先是资产配置，其次是仓位控制，最后才是具体标的的选择。在A股市场，以股票的合理估值为基准点做仓位管理很重要。股票估值高时适合低仓位，股票估值低时适合高仓位，不要动不动就满仓，毕竟股票下跌时，满仓的感觉真的很“酸爽”。在第六章讲过的金字塔式投资法就是很好的仓位管理方法。

股市新人进阶达人只需两步

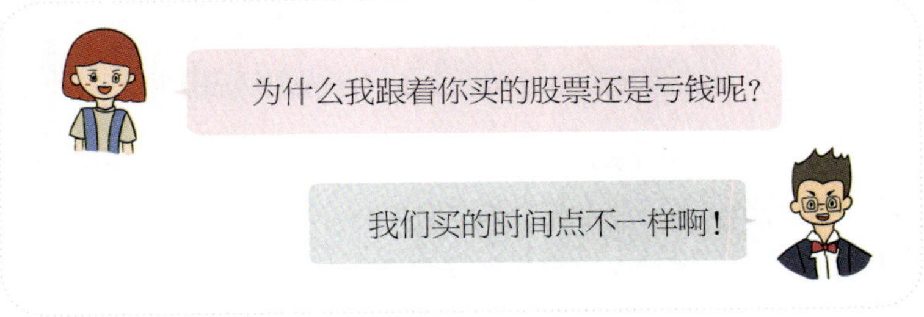

喜欢无脑跟风的新手亏钱的很大一部分原因是对市场没有敬畏，不了解股市的运作规律、股票的基本信息。新手即使买到了一只不错的股票，也可能因为时间点、股市震荡等因素而被迫“下车”。

股市新人进阶达人，告别“韭菜思维”分两步走。

第一步：搞清大盘运行阶段

对大多数个股来说，大盘所处的运行阶段会对个股的股价产生较大的影响。一只具有上涨潜力的股票，遇到熊市，股价可能原地踏步，甚至小幅下跌，直到大盘的环境转暖，才会逐渐发挥出潜力。

钱多多在大盘最后一轮下跌过程中买入一只股票，当时这只股票一直处于小幅下跌状态。过了几个月，股票向下破位（股指、股价跌破重要技术位）。钱多多被股票的走势吓到，在破位的第一时间卖掉了。结果这只股票在短暂的休整之后转头向上，在第二年年初股价上涨了2倍多。

牛先生说，钱多多之所以没吃到这只股票的红利，是因为买入过早，她买入时正处于大盘向下运行的最后阶段，倘若在行情好的时候买入就很合适了。

买股票就像播种，种子不发芽，有时并不是种子的问题，而是因为春天还没有到来。因此，在选择股票时也要关注大盘的情况，大多数股票在熊市时会随大盘下跌，我们能做的就是在春天来时播下种子，只要种子的品质不太坏，最终都能有所收获。

第二步：了解股票基本面

基本面是指影响股票市场走势的一些基础性因素的状况，包括宏观经济、行业情况、公司情况三个主要变量。

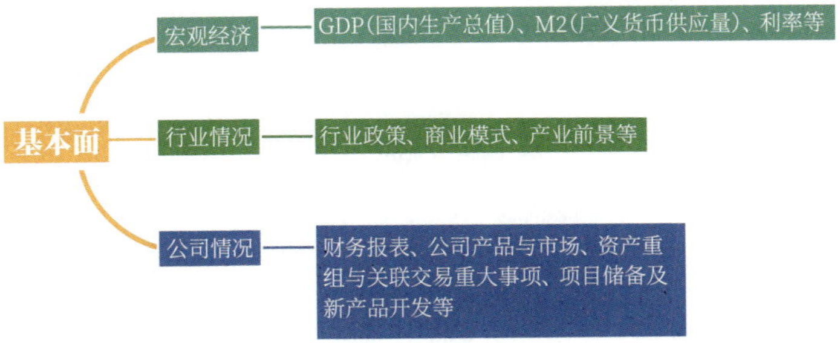

股票基本面

股市被看作宏观经济的晴雨表，反过来，宏观经济形势也成为股市运行最重要的基本面。M2（广义货币供应量）增速活跃，表示有资金向活期转化，流动资金会转往最大的蓄水池——股市。利率高的时候，人们更愿意储蓄；利率下降时，人们会把钱取出来做投资，股市里的资金同样会增加。

行业情况分析更多地针对具体行业的股票，比如，朝阳行业、风口行业更容易受到资金的追捧，夕阳行业、小行业的股票大涨的可能性相对更小。

前两个基本面的分析可以参考媒体资料、行业报告或股票类专业网站，比如雪球、同花顺等。

公司情况分析则是针对个股选择。在电脑端股票交易软件中按“F10”或者在手机交易App中的“F10”板块，都能看到这家公司的基本信息，包括公司资料、股东股本、财务分析、概念题材等。可以重点考察净资产收益率、营收增长率、现金收入比率等指标。

牛先生独门业绩判断法，主要依据戴维斯双杀效应。

戴维斯是巴菲特的前辈，他用了47年从本金5万美元最后收获9亿美元，年化收益率超过23%，是一名不折不扣的投资大佬。戴维斯的知名理论包括戴维斯双击和戴维斯双杀效应。

在解释这两个名词前，先要了解股票市值和股价的计算公式:

市值 = 市盈率 x 净利润

股价 = 市盈率 x 每股收益（EPS）=市盈率x利润 ÷ 总股本

戴维斯双击是指买入低市盈率、低收益的潜力股，等到这只股票成长潜力显现后再卖出就能同时收获估值和业绩增长双份的钱。与之相反的是戴维斯双杀效应。戴维斯认为，所有成长性公司都有业绩成熟的稳定期，不可能永远保持高速稳定增长。一旦公司业绩增速下滑，就会被认为业绩和估值缺乏想象空间，引发投资者抛售股票，股价缩水也是双倍的。因此，股价最低点很可能是这家公司业绩最好的时候。

一家上市公司的财务报告是公开的，所有投资者都能看到，业绩的影响只会在发布之后的短时间内作用在股价表现上，最终大家会对股票的价格达成共识，这就是稳定之后的股价。很多投资者盲目地追求业绩是不科学的。

相反，一些业绩亏损的股票，它们的亏损已经体现在了股价上，后续走势并不会受太多业绩的影响。如果此时股价已经处在一个很低的位置、跌无可跌，一旦业绩稍微改善，很可能出现一波猛烈的涨幅。

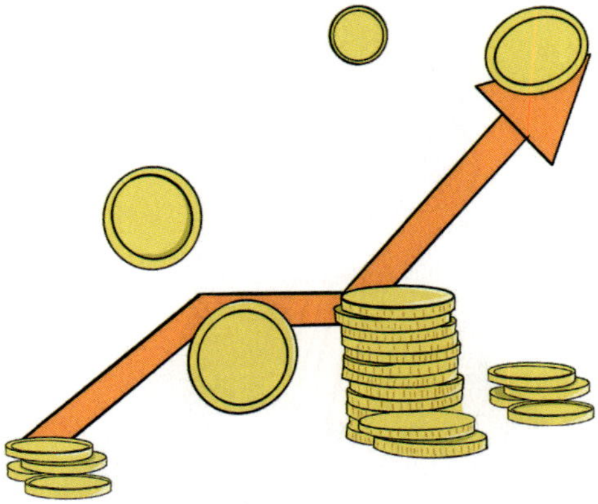

股票买入和卖出的时间

我这只股票应该什么时候卖啊？

下午3点之前都可以。

著名物理学家牛顿曾经也是股民。

1720年前后，牛顿花3 500英镑买入南海公司股票。一开始非常顺利，牛顿在获利3 500英镑后离场。没想到，即使天才也抵不过股价暴涨的诱惑，牛顿随即在股价很高的时候再次入场，最终经历暴跌，损失了整整2万英镑。要知道，牛顿担任造币局局长时年薪才2 000英镑。正是这次炒股经历，让牛顿发出感慨：“我能计算出天体运行的轨迹，却难以预料到人性的疯狂。”

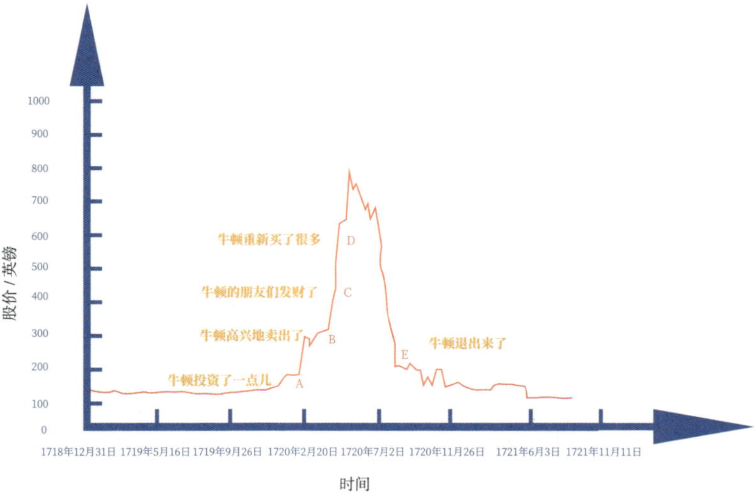

1718年12月到1721年11月南海公司的股票走势

从图中可以发现，牛顿在买卖时间点的判断上更是错得离谱，他几乎完美地踩中所有“韭菜”容易踩的坑。

判断股票买卖点不仅可以参考第六章中讲到的方法，还可以参考艾略特波浪理论和MACD指标。

艾略特波浪理论

艾略特波浪理论是美国证券分析大师拉尔夫·纳尔逊·艾略特利用道琼斯工业平均指数作为研究工具而创建的一种理论。

艾略特认为，一个完整的波浪周期，即完成所谓从牛市到熊市的全过程，包括一个上升周期和一个下跌周期。上升周期由五浪构成，用第1浪、第2浪、第3浪、第4浪、第5浪表示，其中第1浪、第3浪、第5浪上涨，第2浪、第4浪下跌；下跌周期由三浪构成，用第a浪、第b浪、第c浪表示，其中第a浪、第c浪下跌，第b浪上涨。与主趋势方向（即所在周期指明的大方向）相同的波浪称为推动浪，与主要运动方向相反的波浪称为调整浪。

也就是说，在上升周期中，因为主趋势向上，那么第1浪、第3浪、第5浪为推动浪， 第2浪、第4浪为调整浪，这是对上涨的调整；在下降周期中，因为主趋势向下，那么第a浪、第c浪为推动浪，第b浪为调整浪，这是对下跌的调整，即我们常说的反弹。

在实际应用时，波浪图有多种表现形式。这一理论能帮助我们更好地理解一只股票所处的周期，找到适合自己的买点和卖点。

一个完整的波浪周期

指标之王——MACD指标

MACD指标，是指数平滑异同移动平均线的简称，它是股票软件里的必备技术指标。MACD指标由长期均线DEA、短期均线DIF、红色能量柱（多头）、绿色能量柱（空头）、0轴（多空分界线）五部分组成。MACD指标是股票投资入门的首选指标，很多人将MACD指标的背离当作最好用的“抄底逃顶”技术分析方法之一。

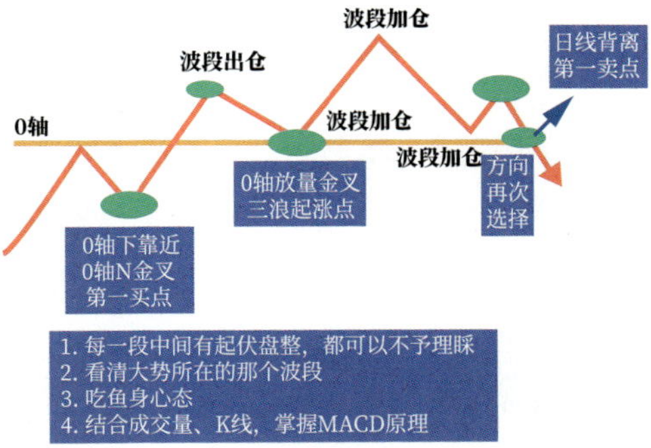

一波行情MACD示意图

小课堂

“吃鱼身心态”是来自股市谚语“吃鱼要吃鱼身”，这句话把股票市场的一段上升趋势比作一条鱼，鱼头和鱼尾刺多肉少，比喻在这段时间投资风险大、收益小；鱼身是大肉所在，比喻在这段时间投资盈利最多。因此，在交易中“放弃鱼头鱼尾，只吃鱼身”才能获得更高的收益。

以上是对两种方法的简单介绍，实际应用起来要复杂得多。股民要找到真正适合的买点和卖点，需要多在“股海”沉浮几回。

炒股人必须看懂K线图

炒股的你是否听说过一本书叫《日本蜡烛图技术：古老东方投资术的现代指南》。如果你以为它是一本教做蜡烛的书，那就错了。蜡烛图，又称日本线、K线、阴阳线等，它起源于日本德川幕府时代，是当时米商用来记录米市行情和价格波动的一种工具。为什么说它是蜡烛图呢？是因为一根根K线的形状像一根根蜡烛。

蜡烛图

后来蜡烛图被引入股票和期货市场，并有了新名字——K线图。

K线图的基本知识

K线图记录了一定周期内股票的运行走势，以日K线为例，它由一根上影线、一根下影线和一根实体柱组成。

实体柱分为阳柱和阴柱。上影线的最高点为当天股票的最高价格，下影线的最低点为当天股票的最低价格，实体柱的高点和低点代表开盘价和收盘价。当实体柱为阳柱时，实体柱的低点为开盘价，高点为收盘价；当实体柱为阴柱时，实体柱的低点为收盘价，高点为开盘价。按照A股市场的习惯，一般阴柱显示为绿色的实心柱，阳柱显示为红色的空心柱。

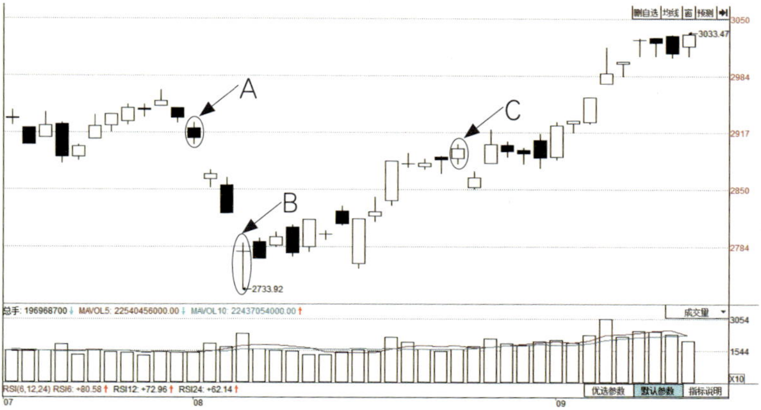

K线图走势

图片来源：上证指数。

上图是上证指数的一段走势图，其中空心柱代表阳柱，实心的黑色柱代表阴柱。图中K线“A”是一根带着上下影线的实心阴柱，这意味着当天指数在阴柱的上端开盘，最高曾经冲到上影线的顶端，最低跌到下影线的下端，最后指数收盘在实心柱的下端位置。

K线“B”是一根带上影线和下影线的十字星K线，它的开盘价和收盘价非常接近，几乎在同一位置，所以实心柱的长度非常短甚至接近0，盘中的最高价和最低价分别为上影线的高点和下影线的低点。

K线“C”是一根带着上下影线的空心阳柱，这样的K线意味着指数在阳柱的底部开盘，在阳柱的顶端收盘，中途的最高价和最低价分别为上影线的高点和下影线的低点。

其他K线都可以以此类推，有时股票的最高价和开盘价或收盘价重合，导致当日的K线没有上影线；如果股票的最低价和开盘价或收盘价重合，当日的K线也不会出现下影线；更特殊的是，当天开盘价、收盘价、最高价和最低价全都处于一个价位，那么当天的K线就会是一根短短的横线。这种全天都是一个固定价位的情况一般出现在涨停和跌停的时候。

在A股市场中，主板的股票价格在每个交易日有10%的涨跌幅限制，而ST、*ST股票的涨跌幅限制为5%。一旦一只股票有对股价影响较大的消息曝出，很容易出现一开盘股价直接涨停或跌停的情况，全天价格没有任何波动，就会出现一根短短的横线这样的K线。

上图，K线图下方还有一排有长有短的柱子，代表成交量，是指当天总的成交手数，一手等于100股。股民在关注股票价格变化的同时，也要注意成交量的变化。

技术派忽略的因素

研究K线图固然重要，但牛先生认为找到当时股价发生波动的原因可能更加重要，这样便于摸清隐藏在K线背后的供求关系，帮助我们应对股价波动所带来的心态变化。

牛市期间，一大批具有上涨潜力的股票走势非常好，这一批股票也同样反哺牛市，让行情得以持续；与此同时，一批不具有大涨能力的股票也因为牛市而出现一定幅度的反弹。如果股民仅仅研究反弹图形，并不能让自己做出正确的决策，因为已经忽略了反弹的重要原因：羊群效应。

2019年初，A股市场经过上涨进入调整期。受中美贸易摩擦影响，A股市场应声而下，甚至很多人觉得上证指数会回到2 200点下方。事后，牛先生理性分析，认为这个时期是“价值洼地”，但很多投资者在恐慌情绪的影响下，心理上的波动造成操作上的致命失误，以致把自己的筹码低价拱手相让。

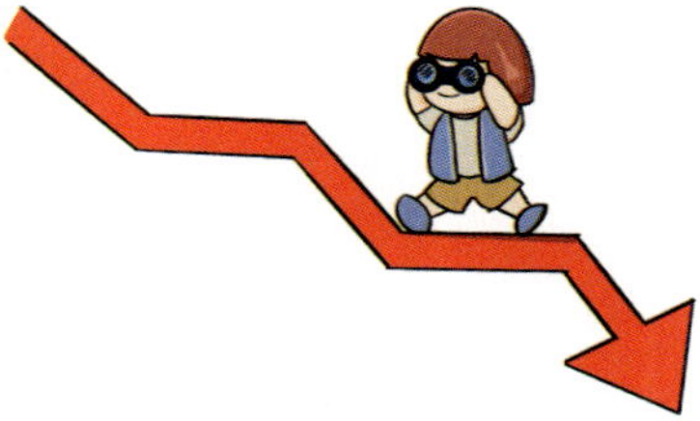

股民在研究股票走势时，最好把当时公司发生的事情、大盘的整体情况、宏观经济背景、国际金融大事件结合起来思考，这些因素的交叉影响最终形成K线的走势。股民实际操作时，面对的不只是抽象的技术图形，还有很多市场因素会共同作用在股价和股民的心理上，这是很多投资小白难以逾越的鸿沟。

小测试：安德烈·科斯托拉尼股票测试

安德烈·科斯托拉尼不仅是欧洲的“巴菲特”和“证券教父”，还是一位“20世纪的股票见证人”。

安德烈·科斯托拉尼在自己的著作中提供了一套股票测试题，这套题共有38道，内容涉及每个人对股票投资的理解程度。根据得分，测试者分别会获得专家、进步者、有前途的新人、外行等相应等级，它能帮助我们发现自己对炒股这种理财方式所持的态度，以及是否具备玩转股票的潜力。

有兴趣的读者可以在安德烈·科斯托拉尼的书里或网上进行测试。

本章小结

这一章的难度很大，看完这一章，请你补充下面的知识。

（1）股市的开盘、收盘时间。

（2）股票买卖要交哪些费用，交费比例是多少，哪些费用是买入、卖出都要收取的。

（3）阅读股票相关的经典图书。

（4）选择一家证券公司，在这家证券公司开设一个股票账户。

（5）制订一份自己的股票投资计划。

（6）选定2～3只股票，了解它们的基本信息，最好能给出自己的分析。

（7）在模拟盘操作股票或直接买入少量股票，在实战中学习。

第八章

被误解最深的理财方式——保险

最珍贵的礼物是我们自己争取来的。

——博多·舍费尔

不能不知道的保险常识

你带着爸爸、妈妈、姐姐在湖上游玩。突然船漏水了，需要扔一个人到湖里以减轻船的重量。你会先扔谁？

太难了吧，只能我自己下去。

此时，魔鬼出现了，他拿出一个塞子可以堵住漏水的洞，但要你拿出所有的财产去换，你愿意吗？

肯定愿意啊！

如果在出发之前，岸上就有人卖各种型号的塞子，你会不会买？

出发前肯定不会买，但经过漏水事件我肯定会买。

其实这是绝大多数人买保险的态度。牛先生也是经历家人生病后，才开始认真思考保险配置。

买保险的意义

保险是用现在的钱转移未来财务风险的一种手段。试想一下，如果未来你不幸遭遇疾病、残疾、意外伤害无法工作时，看病的钱和生活的钱从哪里来？养兵千日，用兵一时，这才是保险真正发挥作用的时刻。

从理财的角度来看，保险是一种风险转移方式。新闻里家里的顶梁柱突然辞世给家庭留下巨额房贷的消息让我们对保险的避险作用有了一定的认识。对普通家庭来说，购买医疗保险、重大疾病保险、意外伤害保险和人寿保险，能够用较低的成本转移疾病或意外对家庭资产、现金流造成冲击的风险，避免在未来某个时间家庭遭遇入不敷出的窘境。除此之外，购买商业健康保险也有避险作用。

与每个人相关的险种

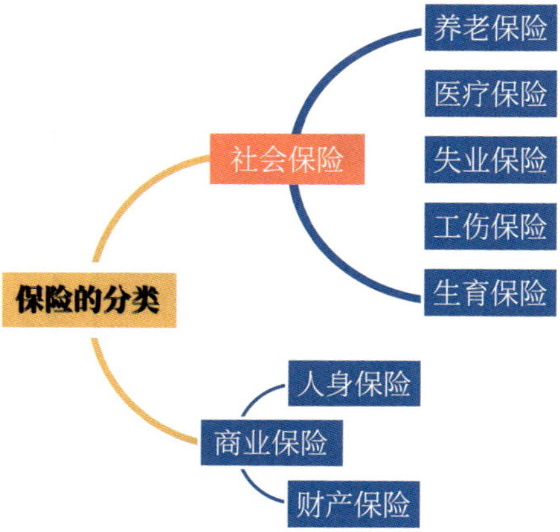

保险的分类

从保险种类来说，大致有社会保险（简称“社保”）和商业保险（简称“商业险”）两类。

从性质上来说，社保是被写入《中华人民共和国劳动法》的：“用人单位和劳动者必须依法参加社会保险，缴纳社会保险费。”商业险则需要自主购买，适用范围相对较窄，具有一定的选择性。

购买社保后是否继续购买商业险，根据每个人的财务状况、对未来的规划来决定。

常见的商业保险

定期寿险：在突然身故或不能工作时，作为补充收入，保障时间是从购买到退休。定期寿险主要是为了弥补作为家庭收入支柱的人在无法工作时的收入损失。对比费率，同样的保险费，定期寿险可以买到养老保险几倍的保障。

商业医疗保险：支付普通疾病看病、治疗时的费用，可以弥补社保的不足。年龄越大，保险费越高。

重大疾病保险：在患有合同约定的重大疾病时，可以一次性获得约定的保险费，用来支付看病、陪护、病后恢复等费用。

意外伤害保险：弥补意外事故造成的财产损失。比如，有车一族必须买的机动车第三方责任险、贷款房屋必须买的火灾保险等。

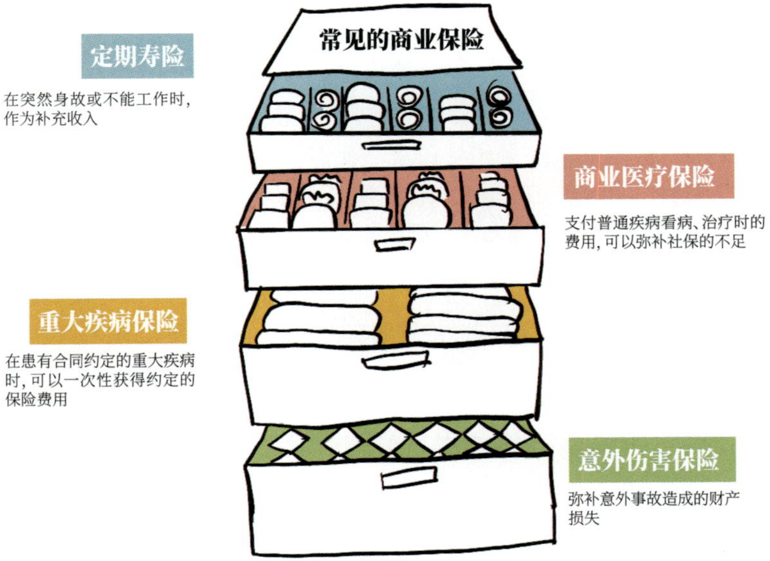

常见的商业保险

为什么有社保还要买商业险？

社保是全民保险，为民生兜底。看病住院想报销更多，保障更多，可以选择商业险，两者是互补关系。可以去看看社保报销药品目录，不在目录上的药品费、诊疗费等需要自己承担，如果买了商业险中的重大疾病保险、医疗保险，这些费用很多是能报销的。还有，社保只能报销医药费，生病期间的生活费用是不能报销的，但如果购买了重大疾病保险是有一定的补偿的。

商业险要先给孩子和父母买吗？

虽然商业险越早买，保险费越低，但并不一定要先给孩子和父母买。买商业险的原则是，谁对家庭的贡献大谁先买。买保险的顺序一般是年轻的夫妻早于孩子和父母。

每个保险都需要买吗？

买保险一般都是买人身保险（普通人的财产保险大多是车险）。常见的人身保险主要是医疗保险、重大疾病保险、人寿保险、意外伤害保险四大类。不同的人需要根据自己的收入、所处阶段、健康状况来决定保险的组合方式，并非买得越多越好。

在买保险之前，先要对每个保险品种的具体作用和适用范围有清晰的了解，避免花冤枉钱，甚至得不到应有的赔付。

例如，很多人都知道生病需要买医疗保险和重大疾病保险。两者有什么区别呢？单看名字，它们似乎都是在人们生病时保障医疗费和住院费，但事实并非如此。

医疗保险

保障生病时需要支付的医疗费和住院费

重大疾病保险

保障患重大疾病无法工作时的生活费

医疗保险和重大疾病保险的区别

对普通人来说，考虑到两个保险的保障范围不同，最好都购买。如果资金有限，可以只先购买医疗保险；但即使有一大笔存款，也不一定需要购买重大疾病保险。不要想着用重大疾病保险去替代医疗保险。

老牛的保险

重大疾病保险

保额：50万元
保险费：4 000元/年

医疗保险

保额：100万元
保险费：600元/年

再比如人寿保险和意外伤害保险，两者都是为了应对未来可能发生的意外。人寿保险主要是意外身故后的赔偿，意外伤害保险的重点是“意外”，意外身故是意外，意外被狗咬了一口也是意外。这两个险种都有高杠杆，即保费低、保额高。那么这两个险种我们是都买还是只选一个来购买？

在相同保额的情况下，购买意外伤害保险的费用比人寿保险的费用低，所以很多人选择只购买意外伤害保险，但事实上疾病比意外致死的比例高得多，贵有贵的道理。

保险作为一种保障，保费支出在人们年收入的10%左右就可以了。在资金有限的情况下，先考虑消费型保险，其次才是返还型保险。

五险一金和养老金

为什么每个月都要扣社保啊？感觉自己好穷。

你随时都很穷吧。

五险一金

社保就是我们常说的“五险”，指的是五种保险，包括养老保险、医疗保险、失业保险、生育保险、工伤保险。有的企业会加上补充医疗保险。“一金”则是指住房公积金。

不同社保种类的缴费比例、作用和注意事项

社保种类	缴费比例	作用	注意事项
医疗保险	个人缴纳2% 单位缴纳3%～10%	医疗报销50%以上，退休后享受医保待遇	中断3个月以上会失效
养老保险	个人缴纳8% 单位缴纳16%	累计交满15年，退休后终身享受养老金	能中断，但对未来的养老金会产生一定的影响
生育保险	个人不缴纳 单位缴纳0.8%	生育后将有关资料给单位，报销相关费用	个人不能缴纳
工伤保险	个人不缴纳 单位缴纳0.2～1.9%	工伤时获得医疗费用，保障工作期间和下班途中	个人不能缴纳

续表

社保种类	缴费比例	作用	注意事项
失业保险	个人缴纳0.4% 单位缴纳0.6%	缴费满1年，失业后按照缴费年限领取失业保险金，主动辞职的不可以领取	将阶段性降低失业保险费率至1%的政策实施期限延长至2024年底
住房公积金	个人缴纳5%～12% 单位缴纳5%～12%	租房、建房、买房、翻新房子、装修房都可以用	可以断缴

注：各保险的缴费率可能随时间、政策和经济情况有所调整，建议查阅最新政策文件或咨询当地社保部门以获取最准确的数据。

社保具有社会福利性质，例如，生病住院期间报销的医保、女性生育期间的生育保障、退休后的养老保障等。

为什么即使辞职，社保也不要断缴呢？我国社保断缴带来的后果非常严重。

（1）社保未缴满15年，等到退休时只能退还个人账户里的钱，公司缴的部分则会统一划到养老统筹基金里。

（2）在医疗保险方面，女性缴够20年、男性缴够25年，等到退休后方可享受终身医保。在断缴期间，不能享受医保待遇。如果超过3个月没有续保，不仅连续缴费年限会重新计算，医保报销额度和重大疾病医保额度也会受影响。

（3）在某些城市，社保还与买房、落户、买车摇号等相关。

例如，深圳规定非深圳市户籍居民购房，社保需缴纳满3年（36个月）且中间无间断。上海规定非上海市户籍人员参加车牌竞拍的前提条件是持上海市居住证且自申请之日前已在上海市连续缴纳满3年社会保险或个人所得税。北京规定积分落户需要在北京连续缴纳社会保险7年及以上。

养老金

退休后能拿多少养老金是像钱多多这样工作不久的人很关心的问题。目前，我国的养老金分为公共养老金、职业养老金和个人养老金三个部分，这是我国养老金体系三大支柱。

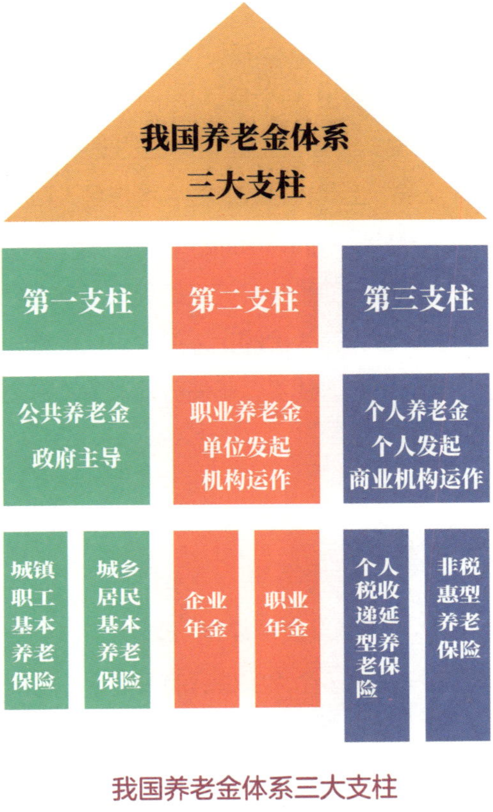

我国养老金体系三大支柱

按照社保计算公式，可以计算出一个人退休后可领取的养老金金额：

养老金=基础养老金+个人账户养老金

基础养老金=［参保人员退休时本市上年度在岗职工月平均工资×（1+本人平均缴费指数）］÷2×本人全部缴费年限（工龄）×1%

个人账户养老金=个人账户累计储存额÷计发月数

计发月数按照国家规定， 50岁、55岁和60岁退休计发月数分别为195个月、170个月和139个月。

对大多数人来说，养老金仍是退休后的主要收入来源。社保的原则是下代人交钱，上代人领钱。如今考虑到人口老龄化、生育率等问题，不少人开始思考如何增加养老金。

除了养老金，一部分企业有补充性的养老金——职业年金、企业年金。这一制度一般只有大型国企、央企，或效益好的外企、私企才能享受到，它的缴纳方式类似于住房公积金，由企业和个人共同缴纳。

住房公积金

住房公积金是按照国家政策规定，通过“个人存储，单位资助”的方式建立的一笔属于个人的住房消费资金，用于个人支付住房方面的费用。每个月，员工拿出5%～12%的工资，公司拿出对等的钱，存入员工的住房公积金账户。本质上，住房公积金不是员工福利，而是工资的一部分。

对于年轻人来说，住房公积金最大的作用是买房时的贷款优惠。

你算过用住房公积金贷款买房与用商业贷款买房相比能省多少钱吗?

以钱多多为例。

钱多多想买一套价值300万元的住房，首付比例为30%，她需贷款210万元。钱多多所在城市的住房公积金单人单笔最高贷款限额为40万元。

钱多多选择组合贷款：住房公积金贷款40万元+商业贷款170万元。

以25年计算，住房公积金的贷款年利率为2.85%，商业贷款的年利率为3.75%，等额本金还款利息总额为：942 506.25元。

如果仅用商业贷款，利息总额为：987 656.25元。

省下的钱不仅能用来装修，甚至可以买一辆车了!

需要注意的是，办理住房公积金贷款有一定的条件，比如，必须连续缴存一定期限住房公积金方可进行住房公积金贷款；拿到贷款之后长期断缴或刚刚获批就停止缴纳，也有可能会被认为是骗取福利，将面临罚息以及利率上浮的处罚。

如果单位以加一点工资为条件来停缴你的住房公积金，你会答应吗?

五种投保渠道特点

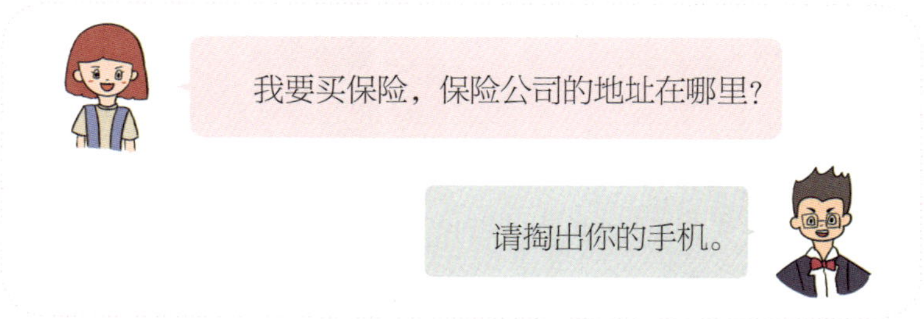

随着观念变化，很多人对保险的态度也发生了变化，从刚开始的抗拒变为现在的主动想购买，但却面临在哪儿买、向谁买的问题。

保险是不是一定要找朋友买才不会被“骗”？

网上卖保险的都是骗子吗?

打电话来销售保险的会不会是诈骗?

在搞清楚这些问题之前，我们可以先了解保险公司的类型。

我国的保险行业虽然起步较晚，但发展迅速，如今规模很大，截至2021年底，已有13家保险集团（控股）公司、92家人寿保险公司、85家财产保险公司、14家再保险公司和15家资产管理公司。

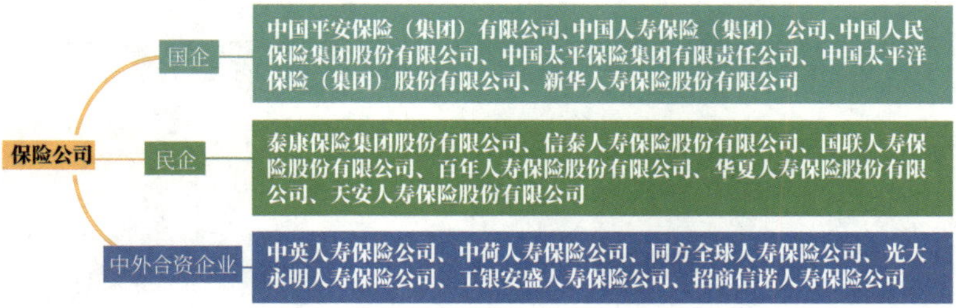

保险公司的类型

除了上述公司，还有提供高端保险服务的友邦、MSH及拥有网红保险产品的复星联合、国富、和泰等新兴保险公司。

这些公司的产品各具特点，它们的服务、网点、性价比、知名度等能满足不同人的购买需求。正因为保险公司和保险产品的不同特点，催生出6种保险购买渠道，它们的特点、优势和劣势如下。

保险购买渠道

保险购买渠道	代表	特点	优势	劣势
保险代理人	中国人民保险集团股份有限公司、中国平安保险（集团）股份有限公司、中国人寿保险（集团）公司	保险代理人只能销售自己公司的产品并获取佣金	服务好，甚至可以到家里讲解产品和条款	只能购买一个公司的保险产品，讲解有夸大的嫌疑，从业人员素质参差不齐

续表

保险购买渠道	代表	特点	优势	劣势
保险经纪人	类似于保险中介，能同时代理多家保险公司的产品，头部保险经纪公司能同时销售数百家保险公司的产品		可选择的产品丰富，保险经纪人也能站在顾客的角度根据客户实际需要推荐合适的产品	了解这个渠道的人不多，建立信任感比较难
团体保险渠道	一般由公司为员工集体投保		保险费率较低，核保比较宽松	一般人不能享受，离开公司后，该福利终止
电话销售渠道	电话推销保险产品		快速了解保险品种	一般等同于骚扰，电话销售人员只是通过话术引诱你购买保险，并不关心你的实际需求
银行保险渠道	通过银行线下网点和信用卡中心销售的保险产品大多是理财类保险，以中短期为主		方便购买	银行相关人员以KPI为目标，投保人很容易被他们套路，把存款变为保单，但实际保障和理财收益并不像说的那么好
互联网销售渠道	在互联网上销售的保险产品	可以在微信、支付宝、银行App等平台上购买		无专人负责讲解，理赔没有其他渠道方便

买保险避开四个坑

保险怎么那么多坑，干脆让我妈去做保险，她总不会坑我！

你孝顺吗？

为什么保险总给人遍地是坑的感觉？过去一段时间，保险处于野蛮生长时期，保险销售人员为了销售业绩，把保险产品从80分夸成120分，而且并没有把保险不能理赔的情形如实告知投保人。对于普通人来说，付了一年成千上万的保险费用，最后还可能面临不赔付的现实，自然会打退堂鼓。

因此，在买保险时，要保持理智，不要只听保险销售人员的一面之词，也要多问问身边的亲戚、朋友，上网搜搜网友的评价。如果能有一个像大众点评那样的保险点评网，应该很受大家欢迎。

第一个坑：为人情买单

自己的亲戚、朋友、同学、家人一旦做了保险，你必定会买一份来帮他们完成任务。但你未必清楚这份保单保的是什么、怎么赔付，这个保险产品究竟适不适合你。

实际上，保险维权投诉中有相当大一部分是人情单引起的。熟人推销保险能不能买？能买！前提是他推销的保险是你需要的，并且所有程序正规。如果你已经购买了保险，也可以让对方帮你看看，一是委婉地表明你没有这个需要，二是可以从侧面了解对方的专业度。

如果迫于人情压力不得不购买，可以买一些单价低、性价比高的意外伤害保险、百万医疗险等。

第二个坑：买一份“万能险”

很多人为了贪图方便，往往想找一个什么都能保的万能保险。

保险产品中确实有一种产品叫万能保险，万能保险实际上是包含投资和保障两大功能的人身保险产品，一般会附加寿险、重大疾病保险、医疗保险、意外伤害保险等保障，看上去很“万能”。但实际上，万能保险也存在初始费用高、前期退保损失大等缺点，并不像人们想象的那么“万能”。

第三个坑：购买返还型保险

如果听过“有病赔钱、没病返钱”的宣传语，那你一定知道返还型保险的大名。

返还型保险=保障账户+理财账户

返还型保险与消费型保险有什么区别呢？下面以钱多多为例做个比较。钱多多选择50万元保额，20年缴费年限的重大疾病保险。钱多多如果选择购买消费型重大疾病保险，那么每年的保险费用是6 595元，可以保终身；如果她选择购买返还型重大疾病保险，那么每年的保险费用是14 300元，而且要等到70岁才能返还保险费。

返还型重大疾病保险一旦出险就不再返还，而且每年比消费型重大疾病保险的保险费用贵2倍多。这笔钱还要等到很久之后才能返还。大家还记得之前讲过的货币贬值吗？如果大家能理解货币贬值，就可以理解返还型保险有多坑。

如果只有5 000元的预算，消费型重大疾病保险能保40万元，返还型重大疾病保险只能保20万元，你会怎么选？

第四个坑：存款变成买保险

钱大爷明明是去银行存钱的，和理财经理聊了天之后，竟然买了一份保险。如果钱大爷想取钱就等于退保，这样就会损失一大笔钱。

银行会代销保险，这是常识。一些上了年纪的人，不太分得清银行存款和银行保险、银行理财产品的区分，往往稀里糊涂地错把银行保险、银行理财产品当成存款进行购买。

在银行理财经理和你“谈心”前，先默念两遍：理财经理卖的都是理财产品，他们是有KPI的。

在银行买保险或理财产品，一定要基于两个前提：你有闲钱，这笔钱短期内不会用到，也没有其他理财渠道；你已经购买了消费型保险。

如果理财经理并没有告诉你推销的产品是保险，那么请发挥你的阅读理解能力，抓住这些关键词：附送保险、门槛低、期限长、分红和保障。理财经理说的话里如果出现这些关键词，往往意味着他推销的是保险产品。

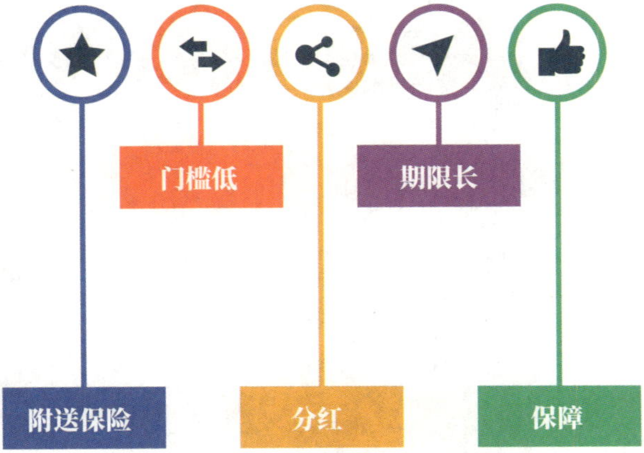

“保险产品”关键词

如果买了不合适的保险想退保怎么办？

保险单都有“犹豫期”，就像7天无理由退货。在规定的时间内你反悔了，可以全额退还保险费。长期保险的“犹豫期”一般是10～15天，有的一年期的短期险也有“犹豫期”。

小课堂

“犹豫期”的退保方法：

联系销售人员退保，并且态度坚定。

去保险公司官网、App、微信公众号，找到“犹豫期退保”，进入相关页面操作。

买保险前的注意事项

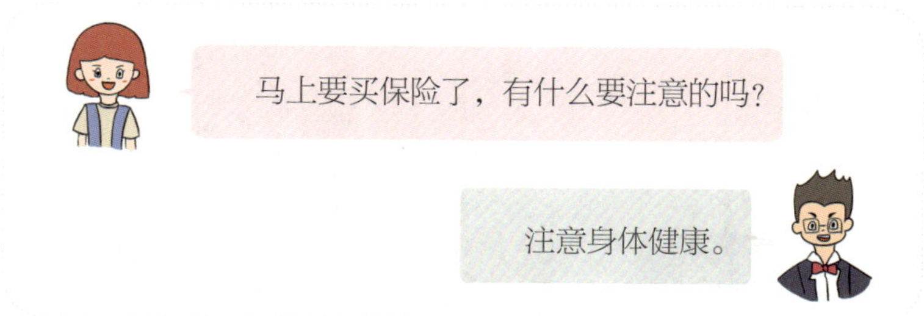

像钱多多这样的年轻人能在20多岁就开始配置保险是挺难得的，购买保险不要只凭一腔热血，还要想清楚下面这些问题，以免保了个寂寞。

保险知识问答Q&A

Q1：我为什么买保险？

A1：市面上的保险产品挑花了眼，如果没有一点保险常识，大概率就会被人忽悠。

在投保之前，做功课的第一步：我为什么买保险？

保险产品有两大功能——保险和投资。因此，买保险有两个好处：一是可以保障生活；二是可以赚更多的钱。

买保险的两个好处

Q2：能确保所购买的保险是我需要的吗？

A2：当你终于确定了要购买的一款保险，准备签合同的时候不要大意，要从几十页的合同中弄清楚以下这些问题。

看产品：购买的是什么保险品种，是不是自己需要保障的类型。

看人：保单中的投保人、被保险人、受益人的姓名和证件号码是否正确。其中，投保人和被保险人可以是同一人。被保险人不能变更，受益人是可以变更的。

看期限：一看交费期限，是一次性交清还是分期交；二看保险期限，保险合同从什么时候开始生效，到什么时间截止。

看责任：一看保险责任，什么情况下赔付；二看责任免除，什么情况下不赔。

看金额：一看保费金额，需要交多少钱；二看保额，出险后赔付的最高限额；三看现金价值，简单地说就是退保时能拿回多少钱。

Q3：为什么不建议投保前体检？

A3：一般来说，投保重大疾病保险、医疗保险这类健康保险时，都需要进行健康告知。健康告知就是保险公司为了防止有人带病投保骗取保险金而设置的。如果投保人在健康告知时没有如实告知保险公司自己的健康情况，后续保险公司可以拒绝理赔。

虽然不建议投保人在投保前进行体检，但投保时，注意要如实告知，不能隐瞒情况。一旦出险需要赔付，保险公司将核实健康告知等资料，一旦发现与实际情况不符，被拒赔还算惩罚轻的，惩罚严重的可能会成为被告。健康告知做到“有问必答、不问不答”即可。

小课堂

保险合同术语：

等待期：从合同生效之日起，不同保险品种的等待期是不一样的，比如重大疾病保险，常见的是等待期90天或180天，等待期内出险，是不能得到赔付的，只能退还已交保费。如果由意外导致在等待期内出险，则能获得赔付。

宽限期：在每年缴费日后没支付保费，一般在缴费日之后的60天内，即使保费还没交但出险也能获得赔付，在赔付时会扣除欠缴的保费。如果超过宽限期合同中止，出险是得不到赔付的。

小黑板：普通家庭的保险配置

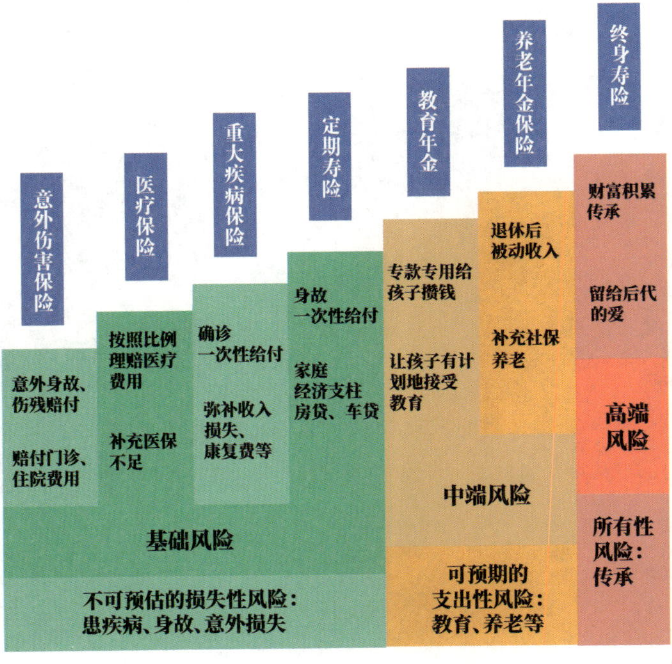

商业保险基本原则

小测试：这些保险问题你会答吗？

1. 配置保险就是选保险产品，保险产品选得好，保险配置就配对了。

2. 配置保险就是选保险公司，保险公司靠谱，保险产品就靠谱。

3. 配置保险就是配置医疗保险、重大疾病保险、意外伤害保险、人寿保险。

4. 配置医疗保险最好是选择保证续保20年的产品。

5. 配置重大疾病保险最好是选择多次赔付重大疾病的产品。

6. 重大疾病保险的保险金额是根据收入和支出算出来的。

7. 保险理赔是一件很简单的事情。

8. 配置完保险，就解决了缺钱的问题。

以上这些，如果你统统不认同，恭喜你拿到了满分，有自己的认知。

但是，如果上面超过两条你都认同，那我负责任地告诉你，以上这些都是在网络上盛行的保险信息，都是没有科学依据、官方渠道认证的，存在严重的安全隐患。

本章小结

看完这一章，请你补充这些知识。

（1）给自己列一个未来清单，想想退休后想过什么样的日子?

（2）根据未来清单，算一算你是否需要购买商业保险。

（3）如果你需要购买商业保险，就列出一份清单。

（4）根据你需要的保障，了解市面上有哪些保险产品，这些保险产品各自有什么优势、劣势。

第九章

小众理财方式

保守的投资者通常应该建立一个广泛的投资组合，把他的投资分布在各个行业的多家公司中，其中包括投资国债。

——本杰明 · 格雷厄姆

配置外汇资产

银行那么大，只有活期储蓄和定期储蓄也太浪费了！

不只是储蓄，在银行还可以买外币、黄金。

诺贝尔经济学奖得主哈里·马科维茨提出的投资组合理论，他指出：因为股票、债券、黄金、外币等理财方式的相关性不高，属于不同的“篮子”，所以用资金分别买入不同的理财产品，可以在不损失资产回报的前提下，有效降低投资组合的风险。俗称“不把鸡蛋放在同一个篮子里”。

炒外汇是分散单一货币风险的有效手段之一。但是在我国，根据《关于严厉查处非法外汇期货和外汇按金交易活动的通知》，个人在投资额度和交易需求的审核上都会遇到限制。因此，外币储蓄不失为一种替代。

在银行将人民币兑换成美元，再以美元的形式储蓄，当人民币相对美元贬值较多时，这种储蓄方法就是一个很好的理财方式。比如，某银行的人民币1年期储蓄利率为1.75%，美元1年期储蓄利率为2.8%，这时，进行美元储蓄就是一种不错的理财方式。

外币储蓄注意事项：

（1）具有双币功能的银行卡，才能开通外币账户。

外币账户资金要求：开设外币账户，需要满足一定的资金要求。

以美元为例，美元活期储蓄账户必须满足最低存款金额为20元人民币的等值外汇，也就是至少需要大约3美元；美元定期储蓄账户必须满足最低存款金额为50元人民币的等值外汇，也就是至少需要约7.5美元。

（2）与人民币储蓄不同，外币储蓄有换汇手续费，一般双向兑换的手续费占兑换金额的1%～2%。

（3）根据国家外汇管理局的规定，每个中国公民每年有5万美元的外币兑换额度，超过这个额度，就需要提供用途证明交给相关部门审核。

（4）外币储蓄，更多的是从分散投资风险的角度考虑的。

配置黄金资产

你说我买黄金资产，是买金耳环还是买金项链？

其实有个东西叫金条。

黄金作为一种投资理财产品，具有抗通货膨胀、避险、风险性低等特点。黄金储备对国家经济也有着极其重要的作用。

值得买的黄金资产主要有实物金条、纸黄金、黄金基金等。

实物金条：金条有投资金条和收藏金条两种，用于投资理财的是投资金条。金条的购买渠道包括银行、金店和黄金交易所。大家一般都在银行购买黄金，各大银行投资金条的价格略有差异。

优点：不容易贬值。

缺点：投资门槛高。各大银行金条的最低规格从20克到50克不等。如果不提货回去，出售商还要收取一定的保管费。此外，回购金条需要到有相关资质的店铺或银行，每克还要收取一定的手续费。

纸黄金：一种个人凭证式黄金。投资者按照银行报价在账面上“买卖”虚拟黄金，通过对国际金价走势的判断进行“低吸高抛”，赚取黄金价格波动的差价，类似于炒股。

自2022年开始，很多银行已暂停纸黄金交易，不能新增注册账户，存量客户在平仓之后也不能再发起新交易。

黄金基金：投资于黄金或黄金类衍生交易的品种，一般为黄金ETF。

优点：黄金基金其实就是基金，在银行、证券公司、基金公司或第三方平台上都能买。交易方式与基金类似，在交易日的固定期间进行交易，一般是以交易日当天下午3点的黄金价格来决定净值。

有的黄金基金能通过套利、杠杆等方式增加收益。

缺点：并不能充分反映黄金价格的实时变化情况，可能存在收益损失。

雷区1：黄金首饰

黄金首饰有较大的加工成本，所以价格一般比黄金的基础价格高40%～60%。如果黄金首饰不具有收藏价值，找不到买家，就会亏损。同时，黄金首饰还可能存在黄金成色不足的问题。

雷区2：黄金公司股票

投资“××黄金”“××矿业”的股票实质上并非投资黄金，而是投资生产或销售黄金的公司，本质上是股票投资，并非分散风险的黄金投资。

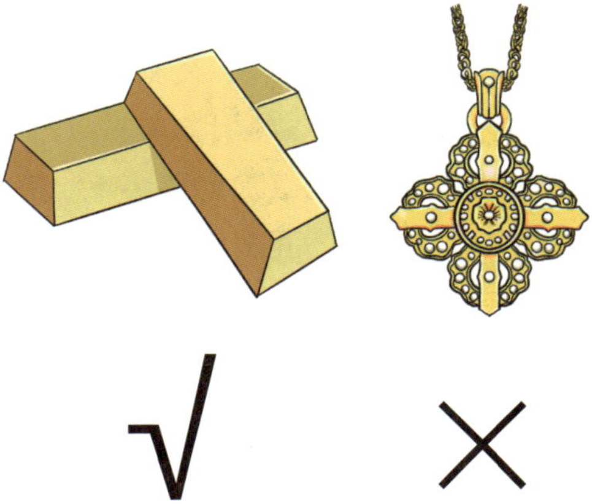

爸妈最爱的国债

我妈今天在银行蹲守买国债，这也能赚钱？

“穷炒股富买债”，你妈很有水平啊！

在债券中，人们最熟悉的就是国债，它又被称为“金边债券”，是爸爸、妈妈、爷爷、奶奶最爱的一种债券。

国债分为电子式国债和凭证式国债两类。

电子式国债和凭证式国债的项目区别

项目	电子式国债	凭证式国债
购买方式	网上即可操作	只能在银行柜台购买
起息日	发行公告中规定的发行期开始日	购买当日
购买起点、限额	起点100元，最高限额500万元，按100的倍数购买	
付息方式	年付	到期一次性还本付息
到期兑付方式	本息自动划入银行卡	现金购买需到柜台兑付，银行卡购买，本息自动划入银行卡
提前支取	按1%收取手续费	

电子式国债和凭证式国债根据持有时间的利息计算区别

<table>
<tr><th>持有时间</th><th>电子式国债</th><th>凭证式国债</th></tr>
<tr><td>不满6个月</td><td>不计息</td><td>不计息</td></tr>
<tr><td>6个月至2年</td><td>票面利率——180天利息</td><td rowspan="3">满半年不满1年按年利率0.35%计息，满1年不满2年按1.47%计息，满2年不满3年按2.49%计息，满3年不满4年按2.94%计息，满4年不满5年按 3.06计息
注：凭证式国债利率以2023年第一期、第二期为例</td></tr>
<tr><td>2～3年</td><td>票面利率——90天利息</td></tr>
<tr><td>3年以上</td><td>票面利率——60天利息</td></tr>
</table>

有的人以为电子式国债和凭证式国债差不多，其实两者的最大区别就隐藏在付息方式中。电子式国债的付息方式一般是年付，其利息可以再次购买国债或用于其他投资，属于复利。

购买国债的钱必须是3～5年内不用的闲钱，如果提前支取，两种国债都会扣取手续费，并且“花式”扣息。

国债在每年3～11月的10日发行，具体发行消息可以在财政部网站查询。

国债之所以受到中老年人的追捧，除了是因为具有高安全性，它的利率也略高于存款利率。比如，2023年第七期，期限为3年，票面年利率为2.85%；2023年第八期，期限为5年，票面年利率为2.97%。同期定期存款3年和5年的年利率分别为2.60%和2.75%。

国债逆回购

“国债逆回购”跟国债又是什么关系呢？

国债是政府发行的债券。国债逆回购是持有国债的机构以国债为抵押来获得借款，到期还本付息，其又被称为“债券质押式回购”，基本属于无风险投资。

在股市行情不好的时候，像牛先生这样的投资老手就会在股票收市后，把账户资金申购为1天期的国债逆回购，以此来增加一点利息收入，到了第二天投资款就会连本带息自动回到账户上，这属于短期理财的一种方式。

除了1天期的国债逆回购，国债逆回购的时间最长可以到182天，申购时间为工作日的9:30—11:30和13:00—15:00，在股票交易软件上就能进行交易。

国债逆回购品种

国债逆回购品种	深市		沪市	
	代码	简称	代码	简称
1天期国债逆回购	131810	R-001	204001	GC001
2天期国债逆回购	131811	R-002	204002	GC002
3天期国债逆回购	131800	R-003	204003	GC003
4天期国债逆回购	131809	R-004	20404	GC004
7天期国债逆回购	131801	R-007	204007	GC007
14天期国债逆回购	131802	R-014	204014	GC014
28天期国债逆回购	131803	R-028	204028	GC028
91天期国债逆回购	131805	R-091	204091	GC091
182天期国债逆回购	131806	R-182	204182	GC182

国债逆回购的起购价是1 000元，以整数倍递增，没有最高限额。手续费根据操作天数计算，例如10万元1天，手续费就为1元。

深圳证券交易所和上海证券交易所的国债逆回购的年收益率略有差别，购买国债逆回购时可以参照下表。

深圳证券交易所和上海证券交易所的国债逆回购的年收益率区别

上海证券交易所逆回购（1 000元起）		上海证券交易所逆回购（1 000元起）	深圳证券交易所逆回购（1 000元起）		深圳证券交易所逆回购（1 000元起）
产品/代码	年收益率/%	10万收益/元	产品/代码	年收益率/%	10万收益/元
1天期 204001	1.755	4.81	1天期 131810	1.750	4.79
2天期 204002	1.795	9.84	2天期 131811	1.780	9.75
3天期 204004	1.800	24.66	3天期 131800	1.785	24.45
4天期 204007	1.825	30.00	4天期 131809	1.795	29.51

续表

上海证券交易所逆回购（1 000元起）		上海证券交易所逆回购（1 000元起）	深圳证券交易所逆回购（1 000元起）		深圳证券交易所逆回购（1 000元起）
产品/代码	年收益率/%	10万收益/元	产品/代码	年收益率/%	10万收益/元
7天期 204007	1.840	35.29	7天期 131801	1.845	35.38
14天期 204014	1.890	72.49	14天期 131802	1.910	73.26
28天期 204028	2.320	216.11	28天期 131803	2.270	211.45
91天期 204091	2.155	537.27	91天期 131805	2.095	522.32
182天期 204182	2.130	—	182天期 131806	2.010	—

免责声明：尊敬的客户，本数据信息均来源于上海证券交易所、深圳证券交易所及公开数据源，更多权威数据内容请至上述交易所指定的数据揭示平台及官网查阅。

购买国债逆回购还有一个技巧：在法定节假日购买国债逆回购会获得比名义天数更长时间的收益。比如，周四购买1天期国债逆回购，会获得3天收益；周五购买，则只有1天收益。

风险小还赚钱的债券

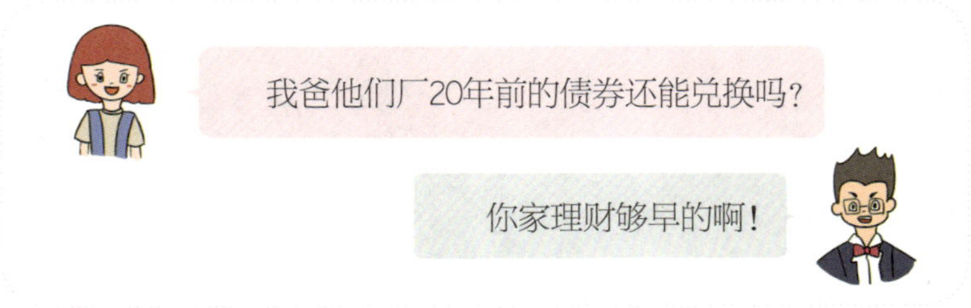

俗话说："穷人炒股越炒越穷，富人买债越买越富。"这句话从侧面反映了债券低风险、高收益的特点。

简单地说，债券就是你作为债主把钱借给投资人时的凭据。如果投资人赚了钱，按照当初的约定，你也能获得相应的回报。

按照借债人性质，债券可以分为三类：政府债券、金融债券和公司债券。

看借债方就知道，政府债券和部分金融债券的风险非常小。

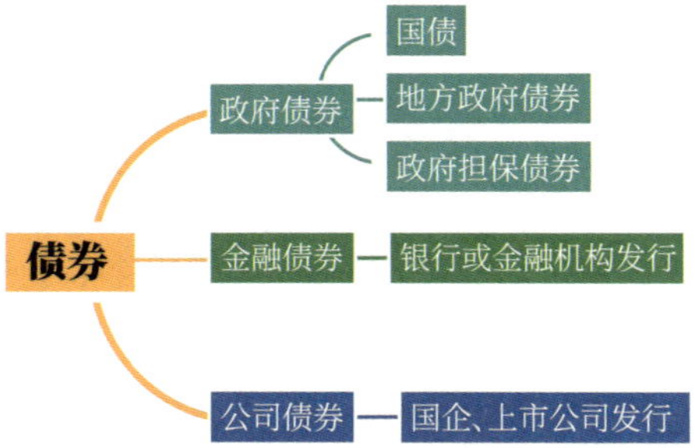

债券的分类（按借债人性质）

按照风险大小，债券又分为利率债和信用债两类。

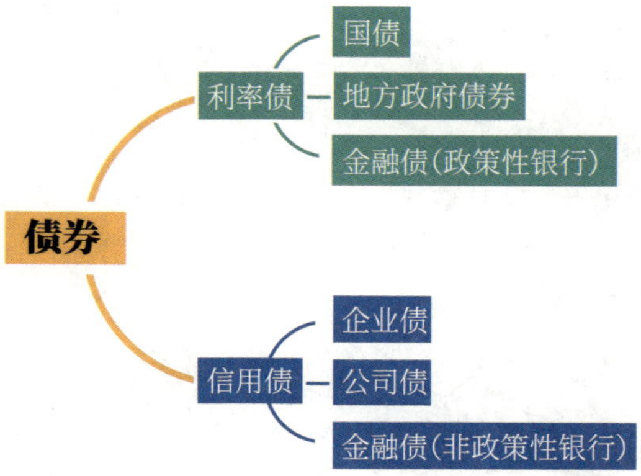

债券的分类（按风险大小）

债券与“借条”有类似之处，具有五个基本要素：债券的票面价值、债务人与债权人、债券的价格、还本期限、债券利率。

其他债券

除了国债以外，其他债券是像钱多多这样的年轻人比较少涉足的。

股票和债券可以看作把鸡蛋放在不同篮子里的资产配置方式。经济好的时候，股市好于债市；经济下滑的时候，债市好于股市。

小课堂

美林时钟是美林证券在2004年提出的一种投资方法，帮助人们学会根据经济周期进行投资，判断在不同的经济周期最适合投资哪些资产。美林时钟像钟表一样，按照顺时针顺序轮转，分别为衰退期、复苏期、过热期和滞胀期，在每个阶段投资特定的资产（债券、股票、大宗商品和现金），可以跑赢市场。

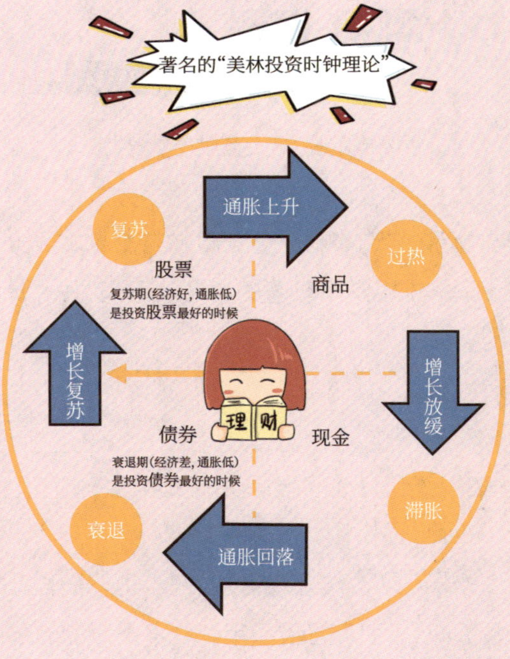

债券同样可以通过银行或证券公司购买，个人投资者可以购买国债、地方债、公司债、企业债、可转债等。

听着很不错，是吧？但这个看着一本万利的投资是有前提的，那就是你能控制好信用风险（即本金能如约拿价）！

2015年，债券违约主体有24家，违约债券规模达122亿元；

2016年，债券违约主体有27家，违约债券规模达390亿元。

可以看出，不仅违约主体的数量在增加，违约债券的规模也在不断地扩大[①]。

对新手来说，债券投资的难度比较大，再加上近年来债券违约频发，建议可以直接购买债券基金。

---

① 刘鹏飞，李莹．浅析近年来债券市场违约情况［J］．银行家，2022（11）：82-85.

小黑板：期权与期货

在投资市场中，作为高风险的代表，期权和期货应该拥有姓名。

对于普通人尤其是新手来说，期权和期货对资金、个人投资理财能力、抗风险能力的要求极高，并不是大家常用的投资理财工具。

期权，简单来说是一种买卖的权利，是给予持有人在某一特定日期或该日之前的任何时间以固定价格购进或售出一种资产的权利，不强制执行。

一般来讲，期权有两种分类方法。

一是按照权利划分，分为看涨期权和看跌期权。

看涨期权又称认购期权，它拥有未来买入某个东西的权利，锁定了买入价。

比如，钱多多想买一套房子，经过不断比较，挑中了一套200万元的房子，给了10万元定金，这样，她就锁定了未来某个时刻（比如一年后）房子的买入价格（200万元）。假设一年后，这套房子的价格涨到了240万元，钱多多行使权利，依然是按约定价格200万元来购买这套房子。这对钱多多来说，是非常划算的。但是如果一年后，房子的价格跌至160万元，那钱多多肯定不会用200万元来买此时价值160万元的房子，因此，她可以放弃买房的权利，当然了，她所交的10万元定金也是不会退的。也就是说，看涨期权就是买方花一笔权利金（钱多多的10万元定金），锁定了未来标的资产（钱多多看中的房子）的买入价（钱多多看中的房子的价格200万元）。当投资者预计标的资产的价格将上涨时，可以买入看涨期权。

看跌期权又称认沽期权，它拥有未来卖出某个东西的权利，锁定了卖出价。比如，钱多多家因为有一座李子园，她便与收购商约定，今年必须以5元/千克收购李子。假设李子成熟后，市场需求非常旺盛，价格涨到了8元/千克，钱多多自然会选择把李子卖给市场上的客户。但是如果李子成熟后，市场需求不足，价格降到了4元/千克，那么钱多多仍可以按照5元/千克的价格把李子卖给收购商。李子的市场需求越是低迷，钱多多家的看跌期权就越值钱。由此看出，实际上，看跌期权给了买方一个卖出的权利。当投资者预计标的资产的价格将下跌时，可以买入看跌期权。

二是按照行权的时间规定，分为欧式期权和美式期权。

欧式期权就是买方只能在期权到期日当天才能行使的权利。举个简单的例子，钱多多快要过生日时，收到了保险公司寄的福利——一张电影票。这时，钱多多只能在电影票上所标注的日期去看电影，而不能提前或推迟。

美式期权就是买方可以在成交后、到期日之前的交易时段选择行权。比如，钱多多所在的公司在端午节给大家发了某商场的粽子票，在粽子票到期前的任意一天，大家都可以去商场提粽子。

期货是一种标准化的合约，约定在未来某个时间以某个价格买入或卖出某种标的资产。期货的标的资产可以是某种商品，比如棉花、大豆、石油，也可以是某个金融工具，比如股票、债券。期货的本质是远期商品买卖合同，到期必须交割，否则交易所将强行平仓或以实物交割。

在进入期货市场时，投资者需要交纳初始保证金（初始保证金=交易金额×保证金比率）。当保证金账户的账面余额低于维持保证金（保证金账户中必须维持的最低余额）时，交易者必须在规定时间内补充保证金，使保证金账户的余额≥结算价×持仓量×保证金比率。否则，在下一交易日，交易所或代理机构有权实施强行平仓。

在期货市场里，投资者可以对期货进行投资或投机（投资者利用市场出现的价差进行买卖，从中获得利润的交易行为）。交收期货的日子可以是一星期之后、一个月之后、三个月之后，甚至是一年之后。

相对于储蓄、基金、保险等常见的理财方式，期权和期货可以说是高风险的投资方式，原因有两点：一是杠杆效应。不管是期权还是期货，买方只需要付出一部分资金就可以控制更大的交易量。虽然杠杆可以带来更大的收益，但也会带来更大的亏损。如果市场价格波动剧烈，买方可能会面临较大的亏损风险。二是价格波动性很高。期权和期货市场受许多因素的影响，比如，经济数据、政策变化、全球市场情况等。这些因素会导致价格波动性较大，这就需要投资者对市场走势有较为准确的预测，否则就会面临较大的亏损。